Architectural History

学びのポイント
建築史

深水 浩 著

学芸出版社

はじめに

　建築のことを学びたくてもどう勉強してよいかわからない人が多いと思います。自分も学生時代はそうでした。建築のすべてを勉強することはできません。

　まず、何をどんな順序で学ぶべきなのか、そしてどのように学べばよいのか、これに応えることが教科書の使命だと考えています。また、興味を持った人は、どんどん学びたくなるものです。知識を深めたり、広めたりする道筋を示すことも重要です。

　そんな思いを持って、この教科書の作成に取り組みました。

　建築を学ぶ人はもとより、芸術・デザイン・観光・宗教・文化全般など建築に関わる諸分野を学ぶ人、さらには建築に興味を持つ人すべてにとって、この教科書が、建築をより身近な存在と感じさせるきっかけとなることを願います。

　この教科書は、数多くの方々のさまざまな協力のもとに完成しました。

　ここに、すべての方々に感謝の意を表します。

2023年10月　深水　浩

本書の構成

　建築史を効率よく学ぶために、以下のような構成としました。

①知識の骨組みを作る

主要建築物とともにアウトラインを把握する。
（西洋建築史と近代建築史はおおよそ年代順に、日本建築史は建築種別ごとに）
　1．学びのポイント　　「何を学ぶべきか」を把握する。
　2．本文（左ページ）　簡潔な本文により基本事項を学ぶ。
　3．図版（右ページ）　写真と図による吹き出し付きの解説で視覚的に理解する。

②知識に肉付けを行う

学んだ知識を専門的により深めるとともに他の関連諸分野へとつなげ広げる。
　1．より深く！　　　　本文に関連する重要エピソードの紹介。
　2．もっと知りたい！　QRコードによる二段階学習により、知識を深め広げる。
　3．発展学習　　　　　本文に関連する重要テーマの学習。

③知識の定着を図る

学んだ知識について記憶する。
　1．復習　　　　　　　基本的な用語を覚える。
　2．総合復習　　　　　多様に知識の定着を図る。（建築士資格試験にも対応）

④知識を活用する

学んだ知識を、計画や設計など自身の専門分野で応用する。
　1．歴史的建築物のテーマ別整理
　　　　　　　　　　　　　テーマ別に建築史を組み変えることにより、知識のより一層の定着を
　　　　　　　　　　　　　図るとともに、計画や設計にも応用できる多面的な見方を養う。

Contents　目次

もっと知りたい！

各項目の冒頭にあるQRコードから、本書に含めきれなかった内容（pdf）へアクセスできます。さらなる学習にお役立てください。

※QRコードは（株）デンソーウェーブの登録商標です。

【QRコード】

閲覧いただくには、下記のパスワードを入力してください。
パスワード：2337history

◎Indexページはこちら↓
https://book.gakugei-pub.co.jp/campaign/9784761528737/

西洋建築史 1

※この他、イスラム建築として、タージ・マハル、アルハンブラ宮殿、コルドバのメスキータなども重要。

もっと知りたい！

学びのポイント

古代ギリシャ建築は、「西洋建築の原点」と言われ、後世の建築の「規範」となった。これは、歴史上初めて、建築における「美」が意識され、体系付けられたからである。

1 古代ギリシャ建築における「美」の理論（オーダー、シュムメトリア、エウリュトミア）について学ぼう。
2 その理論がどのように具体的な建築作品に表現されたのかを知ろう。
3 古代ギリシャの都市の構成について概略を知ろう。

▶時代背景

エーゲ文明の後、ドリス人がギリシャ本土に侵入して始まったのが、ギリシャ文明である。美術史的には、時代順に、幾何学様式の時代、アルカイック様式の時代、クラシック様式の時代、ヘレニズム様式の時代に分類され、紀元前1世紀まで続くとされるが、古代ギリシャ建築が完成するのはクラシック様式の時代（B.C.480〜B.C.323）である。

古代ギリシャ人は、建築に限らず、彫刻、文学、哲学、自然科学などあらゆる分野で後世の範となる高度で非凡な能力を発揮した。また、政治においては民主政を確立し、宗教的にはオリュンポス12神を中心とした多神教によって精神的に強く結びついていた。

▶古代ギリシャ建築における美の理論

1 **オーダー**

・柱の形式であり、以下の3種類がある。（厳密には柱を含めた立面の構成形式全体を指す）

　ドリス式（ドーリア式）

　　もっとも古い形式であり、柱頭は簡素で、柱は太短く、全体として、「力強く」「男性的」な雰囲気を持つ。

　イオニア式

　　柱頭に巨大な渦文様を持つ。柱は細長く、全体として、「優美」かつ「女性的」な雰囲気を持つ。

　コリント式

　　最後に登場した形式であり、柱頭に**アカンサス**の植物文様を持つ。柱は細長い。全体として、「装飾的」かつ「華美」な雰囲気を持つ。

・古代ギリシャ建築の主役である神殿建築は列柱に囲まれた建築であり、オーダーは、建築物全体の雰囲気を決定付けることとなった。

2 **シュムメトリア**

・「美の**量的原理**」とも呼ばれ、もっとも重要かつ根幹をなす比例に関する理論である。

　　建築物の一定部分の寸法を**基準単位（モドゥルス）**とする。

　　他の部分の寸法をこれと特定の比例関係となるように次々と決定する。

　　これを隅々にまで反映させることで、完成した全体が美に到達する。

・比例関係には、整数比やルート比など様々あるが、特に「**黄金比**」は重視された。

3 **エウリュトミア（ディアテシス）**

・「美の**質的原理**」とも呼ばれ、部分のリズミカルで適正な配置のことである。

・一例として、人間の目に美しく見えるように「錯視の補正」を加えることが行われた。

　　この補正を「**リファインメント（洗練技法）**」という。

オーダー

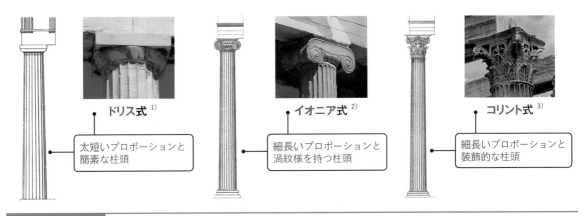

ドリス式 [1]
太短いプロポーションと簡素な柱頭

イオニア式 [2]
細長いプロポーションと渦紋様を持つ柱頭

コリント式 [3]
細長いプロポーションと装飾的な柱頭

黄金比

古来、最も完璧な比例関係とされる。
1.618：1（厳密には$(1+\sqrt{5})/2：1$）であり、自然界や数学幾何学の分野では数多く見出すことができる。
芸術においては、ミロのビーナスやパルテノン神殿で採用されていると言われる。

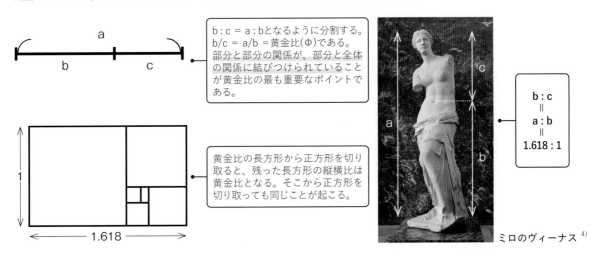

$b：c = a：b$となるように分割する。$b/c = a/b＝$黄金比(Φ)である。部分と部分の関係が、部分と全体の関係に結びつけられていることが黄金比の最も重要なポイントである。

黄金比の長方形から正方形を切り取ると、残った長方形の縦横比は黄金比となる。そこから正方形を切り取っても同じことが起こる。

$$\begin{array}{c} b：c \\ \| \\ a：b \\ \| \\ 1.618：1 \end{array}$$

ミロのヴィーナス [4]

リファインメント

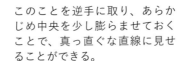

長い直線は中央部分が少し垂れ下がって見えてしまう。

このことを逆手に取り、あらかじめ中央を少し膨らませておくことで、真っ直ぐな直線に見せることができる。

パルテノン神殿に施された補正を強調して描いた図

人間の目には、整った直線による構成として見える。

建築的なスケールの長い直線は、人間の眼には直線に見えない。人間の目は正面のものは的確に捉えることができるが、視野の両端はかなり歪んでしまう。

このような錯視によるずれは建築のいたるところで生じるが、古代ギリシャ人はこれをつぶさに観察し、その各所にきめ細やかな補正を行なっていたのである。

直線的な構成に見えるパルテノン神殿には、実際にはただの1本の直線も存在しないことを物語っている。

▶古代ギリシャ建築の代表作品

1 **パルテノン神殿**　B.C.5世紀

　　　ペルシャ戦争の勝利を記念して建設された**女神アテナイ**を祀る神殿

　　　ドリス式巨大神殿（前面8柱、側面17柱、（通常は前面6柱、側面13柱程度））

　　　男性的力強さと女性的な優美さを併せ持つ。（ドリス式としては細身のプロポーション）

　　　黄金比の徹底的活用

2 **エレクテイオン**　B.C.5世紀

　　　パルテノン神殿と同じくアクロポリスの丘に建つ**イオニア式神殿**。

　　　高低差のある敷地に建つため不規則な形の神殿となっている。

　　　特に、少女の姿を柱とした**「カリアティード」**が有名である。

3 **エピダウロスの劇場**　B.C.4世紀

　　　円形の舞台に向かってすり鉢状に客席が設けられた巨大野外劇場。

　　　1万人以上収容。古代ギリシャの神々に捧げる宗教劇が演じられた。

　　　スタディオン（スタジアムの原型）とともに現在まで続く古代ギリシャ由来の屋外施設である。

▶古代ギリシャの都市

・古代ギリシャでは、**ポリス**と呼ばれる都市を中心とした国家が各地にあった。アテネ、スパルタ、テーベなどは有名である。

・都市は、一般に次の2つの領域から構成されていた。

　　　アクロポリス　　　小高い丘の上に作られる神域

　　　アゴラ　　　　　　麓に広がる、庶民の生活域、広場

・アゴラには、**ストア**と呼ばれる広場に面して列柱廊を有する細長い建物が建っていた。これは多目的建築物として使用された。

より深く！

エーゲ海の集落
ミコノス島や**サントリーニ島（ティーラ島）**などには、真っ白な家々が建ち並ぶ集落がある。エーゲ海の紺碧の青に、白い集落の対比がとても美しい。建築家が設計したわけではない自然発生的な集落であるが、かの近代建築の巨匠ル・コルビュジエも多大な影響を受けたとされる。

古代ギリシャ建築の痕跡
後世の建築の規範となった古代ギリシャ建築の痕跡は、ヨーロッパから遥か離れた日本でも見ることができる。特に「オーダー」は、銀行や公会堂など戦前に建てられた洋風建築の正面デザインとして採用され現在も数多く残っている。また、法隆寺の回廊の柱の膨らみ**（エンタシス）**は「リファインメント」の影響であるという説もある。

パルテノン神殿

ドリス式オーダーではあるが、細っそりとしたプロポーション

前面8柱側面17柱の巨大神殿

5)

6)

正面全体の縦横比に始まり、あらゆる部分の寸法が黄金比に基づいていることを示す分析図。（研究者によっては、異論もある）

古代ギリシャ建築の代表作品

イオニア式オーダー

カリアティド

エレクテイオン 7)

すり鉢状で1万人以上収容

エピダウロスの劇場 8)

古代ギリシャの都市

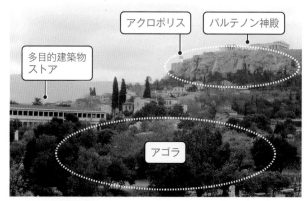

アクロポリス

パルテノン神殿

多目的建築物ストア

アゴラ

アテネのまちの構成

パルテノン神殿

エレクテイオン

プロピライア

ニケ神殿

アテネのアクロポリス 9)

1-2　古代ローマ建築

もっと知りたい！

▌ 学びのポイント ▌

古代ローマ帝国は、地中海全域を囲むヨーロッパ全域に広がる大帝国を築き上げた。古代ローマ建築の特徴は、高度な技術力の活用と、ローマ帝国の「栄光」の表現である。
また、都市生活が充実したことにより、建築タイプが多様化した。

1 古代ローマ帝国の栄光は、建築物においてどのように表現されたのか。また、それを支えた古代ローマの建築に関わる高度な技術と合わせて学ぼう。
2 古代ローマ建築における「美」の扱いについて理解しよう。
3 都市生活を支える多様な建築タイプについて整理しよう。

▶時代背景

共和政を経て、帝政に移行したローマは、古代ローマ帝国として、初代のアウグストゥス帝から五賢帝までの約200年間の「パクス・ロマーナ」とも呼ばれる最盛期を迎えた。（1世紀初頭〜2世紀末頃）

古代ローマ人は、古代ギリシャを踏襲しつつも、文学、歴史・地理、自然科学、哲学、法律などあらゆる方面で古代ギリシャに劣らない数々の成果をあげたが、建築においても帝国を体現する数々の名作が生み出された。宗教においては、当時古代ギリシャの神々をローマ風にアレンジした多神教が主流であったが、他の密儀宗教も信仰されていた。後には一神教であるキリスト教が勢力を伸ばす。

▶古代ローマ建築における帝国の「栄光」「権威」の表現

主に以下の3点によって達成されたと考えることができる。

・内部空間をともなった巨大建築物

・幾何学的完結性をともなった力強さにも通ずる美しさ

・高度な技術力に裏打ちされた機能性（特に土木構築物や街のインフラ整備など）

▶古代ローマ建築における建築技術

1 **構造的技術**

　　アーチ構造、ヴォールト構造、ドーム構造

　　これらの構造そのものは、古代ローマ以前から存在したが、積極的に活用したのがローマ人である。

2 **材料的技術**

　　現在のコンクリートと成分的にほぼ同じ**ローマ式コンクリート**を使用していた。

これら構造と材料両面の技術を駆使することで、巨大内部空間をともなった巨大建築が誕生した。

▶古代ローマ建築の「美」の理論

1 基本的な考え方は、古代ギリシャの理論を踏襲した。

　　古代ローマ的な特徴としては、幾何学的完結性、対称性、正面性、中心性等を重視する傾向がある。

2 新しいオーダーを2つ生み出した。（古代ギリシャの3つのオーダーも使用）

　　トスカナ式　　　　もっとも簡素な様式。素朴な雰囲気。

　　コンポジット式　　もっとも豪華な様式。イオニア式とコリント式の混合様式。

アーチ・ヴォールト・ドーム

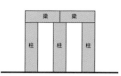

石造の柱梁構造で、中央の柱を抜こうとすると、全体が崩壊してしまう。

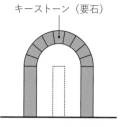

キーストーン（要石）

アーチを用いることで、中央の柱を抜くことができ、無柱の内部空間を確保できる。

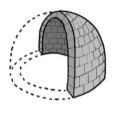

アーチ　　**ヴォールト**　　**ドーム**

アーチ構造を基本として、これを奥行方向に伸ばしたものを**ヴォールト**、回転させたものを**ドーム**と考えることができる。

※アーチ構造そのものは、古代メソポタミアから使われており、古代ローマ人がこれを大きく発展させた。

ローマ式コンクリート

ローマ式コンクリート

型枠は、レンガや石で、外さずにそのまま使用

1)

現在のコンクリートは、**セメント、砂、砂利、水**を主成分としている。このうちセメントは工場で作られる近代的材料である。しかし古代ローマ人は自然界でこれに変わる材料を調達し、さらに火山灰を加えることで非常に強度なコンクリートを作り上げた。
このコンクリートを構造体とすることで、巨大建築物を次々と建設した。

古代ローマの新たなオーダー

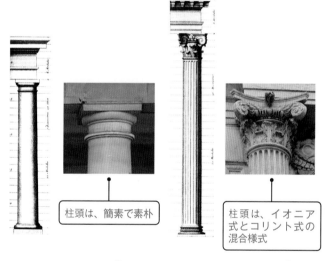

柱頭は、簡素で素朴

柱頭は、イオニア式とコリント式の混合様式

トスカナ式 2)　　　　　**コンポジット式** 3)

都市生活の充実と建築タイプの多様化

古代ギリシャに比べると、都市のインフラ整備をはじめとして、市民の都市生活がはるかに充実する。
これにともなって、多様な建築タイプが登場した。

宗教系	皇帝系	市民生活系		土木インフラ系
神殿	墳墓 別荘 凱旋門	ドムス （戸建住宅） インスラ （集合住宅）	闘技場 公衆浴場 市場 バシリカ	水道橋 街道 フォロ（広場）

▶古代ローマ建築の代表作品

1. **コロッセオ** 1世紀

   剣奴（グラディアトール）の戦いを見世物とした巨大闘技場。

   壁面には、3層にわたってアーチ構造が用いられている。各層ごとに異なるオーダーを採用。

   開閉式の屋根を有し、地下空間も最大限活用されていた。座席は身分階級に応じた配置。

2. **パンテオン** 2世紀（再建）

   古代ローマの神々を祀る巨大円形神殿。

   ドーム構造により無柱の内部空間を実現。

   球体が内接する幾何学的な完結性とドーム天井中央から差し込む光の劇的な演出。

3. **カラカラ浴場** 3世紀初頭

   多くの皇帝が建設した公衆浴場は、一般に、温水浴、冷水浴、サウナ、運動施設、談話室などを備えており、複合文化施設としてローマ人の生活に欠かせないものであった。

4. **セプティミウス・セウェルスの凱旋門** 3世紀初頭

   戦争の勝利を記念し、また、勝利をもたらした皇帝を讃える凱旋門も数多く建設された。後世、これを真似てナポレオンが**エトワールの凱旋門**を作らせた。（→p.38,39）

5. **マクセンティウスのバシリカ** 4世紀

   最大規模のバシリカ。歴代の皇帝が数多く建てたバシリカは、もとは、裁判所、集会所であったが、多目的建築物として使われた。のち、キリスト教教会堂の原型の一つとなる。

6. **ハドリアヌスの墳墓** 2世紀

   ハドリアヌス帝自ら設計した巨大な墳墓。のち、キリスト教教会堂の原型の一つとなる。

   現在、**カステル・サンタンジェロ**として有名。

7. **ハドリアヌスの別荘** 2世紀

   ローマ郊外に建設されたハドリアヌス帝の別荘。広大な敷地を擁し、皇帝がローマ帝国巡察の際に魅了された建物や風景をモチーフとした建物を建設させたといわれている。

8. **トラヤヌスの市場** 2世紀

   歴史上初の複合商業施設（ショッピングセンター）とされる。広場に面して半円形に全体が構成され、ヴォールト屋根を活用している。

古代ローマ人は、建築のみならず都市のインフラ整備に関わる土木構築物についても高度な技術力を発揮し、都市生活を充実させた。

9. **ガール水道橋** 1世紀

   はるか遠方の都市まで、水を運ぶ土木施設。1/4000程度の微妙な勾配が付けられ、サイフォン原理も活用されている。古代ローマ人の高度な技術力を示す。

10. **アッピア街道** B.C. 4世紀〜 B.C.1世紀

    ローマから帝国内に張り巡らされた街道のうち最も有名なもの。石畳で舗装され、当時の馬車がすれ違うことができる道幅が確保された。

コロッセオ

5万人収容

アーチの連続構造による巨大闘技場

4)

地下空間も積極的に活用

板を敷きさらに砂を撒いて使用

5)

コリント式

イオニア式

ドリス式

6)

パンテオン

ドーム構造による巨大円形神殿

天窓から降り注ぐ光による劇的な演出

正面は、コリント式の古代ギリシャ神殿風

7)

現在見ることのできるパンテオンは**ハドリアヌス帝**による2代目。初代はアグリッパによるが火災で消失した。

8)

巨大な球体が内接する。

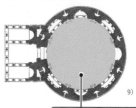

直径43.8mの無柱空間

9)

古代ローマ建築の代表作品

皇帝の治績が文字やレリーフで表現される。

アーチ（ヴォールト）による通路

コンスタンティヌスの凱旋門、ティトゥスの凱旋門なども有名

セプティミウス・セウェルスの凱旋門 10)

ヴォールトによる巨大な無柱の内部空間

多目的建築物として使用され、のちキリスト教の教会堂の原型の一つとなる。

マクセンティウスのバシリカ 11)

ハドリアヌス帝が自らの霊廟として建設。正方形の基壇の上に円形平面の主要部が載る。

円形や正多角形の墳墓は、のちキリスト教の教会堂の原型の一つとなる。

ハドリアヌスの墳墓（復元予想図）12)

全長約50km
水は、最上部を流れる。

3層にわたるアーチの連続構造

セゴビアの水道橋（スペイン）も有名

ガール水道橋 13)

▶**古代ギリシャ建築について**

①　古代ギリシャ建築の３つのオーダーを答えよ。（図1）

②　古代ギリシャ建築における「美の量的原理」を答えよ。

③　②の中で、特に重視された比例関係を答えよ。

④　古代ギリシャ建築における「美の質的原理」を答えよ。

⑤　④の中で、錯視を補正する手法の名称を答えよ。

⑥　古代ギリシャを代表する神殿の名称を答えよ。（図2）

⑦　⑥の神殿の建築的特徴を３点あげよ。

⑧　**カリアティド**でも有名なイオニア式の神殿の名称を答えよ。

⑨　古代ギリシャを代表する劇場の名称を答えよ。

⑩　古代ギリシャの都市を構成する神域の名称を答えよ。

⑪　古代ギリシャの都市を構成する生活域（広場）の名称を答えよ。

⑫　⑪に建てられていた細長い多目的建築物の名称を答えよ。

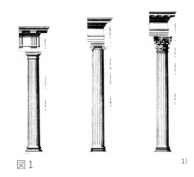

図1　　　　　　　　　　　　　　　　1)

図2　　　　　　　　　　　　　　　　2)

▶**古代ローマ建築について**

①　古代ローマ建築で活用された構造原理を答えよ。

②　古代ローマ建築における特徴的な建築材料を答えよ。

③　古代ローマを代表する巨大闘技場の名称を答えよ。（図3）

④　③の建築的特徴を３点あげよ。

⑤　古代ローマを代表する巨大円形神殿の名称を答えよ。（図4）

⑥　⑤の建築的特徴を３点あげよ。

⑦　古代ローマの公衆浴場のうち、有名なものの名称を答えよ。

⑧　古代ローマにおける多目的建築物の名称を答えよ。

⑨　古代ローマの凱旋門のうち、有名なものの名称を答えよ。

⑩　上記以外で、古代ローマ建築の多様性を示す事例をあげよ。

⑪　古代ローマの水道橋のうち、有名なものの名称を答えよ。

⑫　古代ローマの街道のうち、有名なものの名称を答えよ。

図3　　　　　　　　　　　　　　　　3)

図4　　　　　　　　　　　　　　　　4)

解答

▶**古代ギリシャ建築について**

①ドリス式、イオニア式、コリント式　②シュムメトリア　③黄金比　④エウリュトミア（ディアテシス）　⑤リファインメント（洗練技法）　⑥パルテノン神殿　⑦巨大神殿、ドリス式オーダーの採用、力強さと優美さの表現、黄金比の活用など　⑧エレクテイオン　⑨エピダウロスの劇場　⑩アクロポリス　⑪アゴラ　⑫ストア

▶**古代ローマ建築について**

①アーチ、ヴォールト、ドーム　②ローマ式コンクリート　③コロッセオ　④アーチの連続構造、オーダーの使い分け、地下空間の活用、開閉式屋根の採用など　⑤パンテオン　⑥ドームによる無柱空間の実現、巨大な球体が内接する幾何学性、天窓からの光の劇的な演出など　⑦カラカラ浴場など　⑧バシリカ　⑨セプティミウス・セウェルスの凱旋門など　⑩ハドリアヌスの墳墓、ハドリアヌスの別荘、トラヤヌスの市場など　⑪ガール水道橋　⑫アッピア街道（※代表例についての設問は、知名度が高ければ他の建築作品も可です。）

発展学習 ① 古代メソポタミア・古代エジプト建築

もっと知りたい！

▶時代背景

メソポタミア（現在のイラクの一部）とエジプトには、古代ギリシャよりもはるか以前に文明が開花し、規模の大きい特徴的な建築物がすでに建てられていた。

メソポタミアでは、B.C.5000頃には都市や建築が存在していた。時代は下るが、ウルのジッグラト（聖塔）が、よく知られている。

エジプトは、B.C.5000頃には定住と農耕が始まり、先王朝、初期王朝時代を経て、B.C.27世紀からの古王国、B.C.21世紀からの中王国、B.C.16世紀からの新王国を経て、B.C.30に滅亡するまで、ピラミッドやタイプの異なる神殿建築などが多様に展開した。

▶代表的建築物

もとは4層構成で、最上部に神祠があったとされる。一種の宗教施設と考えられている。

旧約聖書に登場する**バベルの塔**の原型とも言われている。

ウルのジッグラト　B.C.2100頃 [1]

左から**メンカウラ王、カフラー王、クフ王**のピラミッド。

従来王墓説が有力であったが、近年その造営は、農閑期の失業対策であったことが指摘されている。

最大のクフ王のピラミッドは、底辺230m、高さ137m

ギザの三大ピラミッド　B.C.26〜B.C.25世紀頃 [2]

エジプト最初の女王**ハトシェプスト**が葬儀や祭礼を行うための祭殿。

列柱廊、テラス、スロープを階段状に配置、中央に軸線を通し、背景の断崖と相まって、荘厳かつ力強い空間を作り出している。

ハトシェプスト女王葬祭殿　B.C.15世紀頃 [3]

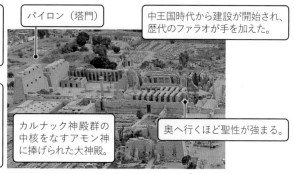

パイロン（塔門）

中王国時代から建設が開始され、歴代のファラオが手を加えた。

カルナック神殿群の中核をなすアモン神に捧げられた大神殿。

奥へ行くほど聖性が強まる。

アモン大神殿　B.C.21〜B.C.4世紀頃 [4]

より深く！

アブ・シンベル神殿の功績

岩山をくりぬいて作られた岩窟神殿。紀元前13世紀、ラメセス2世により建てられた。年に2日だけ、神殿の奥の像にまで日の光が届くことで有名である。光の演出により王の神格化が意図されている。この神殿は、アスワン・ハイ・ダム建設に際して、水没する危機にあったが、神殿を細かく分割し60m移動することにより保存された。この成功が世界遺産制度創設のきっかけとなった。

正面の4体の像は、青年期から壮年期にかけてのラメセス2世。王の神格化。 [5]

1-3 初期キリスト教建築

もっと知りたい！

■ 学びのポイント ■

4世紀はじめ、それまで禁止されていたキリスト教が公認されたことにより、キリスト教の教会堂の建設が始まる。当初は既存の建築物の転用が多かったが、やがて機能的にも様式的にも完成されていく。

1 教会堂建築の２つの原型であるバシリカ式教会堂と集中式教会堂について学ぼう。
2 そこにはキリスト教の考え方がどのように表現されているのか理解しよう。
3 この後、教会堂建築はどのように発展していったのか概観しよう。

▶時代背景

　世界３大宗教の一つであるキリスト教が誕生したのは、1世紀。当時の古代ローマ帝国においては異教として信仰が禁じられていた。度重なる大迫害があったにもかかわらず、信者は増え続け、313年、皇帝コンスタンティヌスは**キリスト教を公認**した。以後、信者はさらに増え続け、392年には**ローマ帝国の国教**となった。その後も中世を通じてキリスト教はヨーロッパで発展し続け、教会は国王にも勝る権力を持つようになった。この間、教会堂建築もこれに合わせるかのように発展を続けたのである。

▶教会堂建築の原型

1 **バシリカ式教会堂**

・古代ローマの**バシリカ**が起源

・平面形は長方形

・西側に入口を設け、内部は西側を庶民の領域、東側を聖域とする

・東へと向かう軸性により聖性を表現（ヨーロッパから見てエルサレムは東方に位置する）

・「神による**救済の道**」としての教会堂

・ミサを行うのにも適した機能的な教会堂

・この後、主に西ヨーロッパで発展

2 **集中式教会堂**

・古代ローマの**墳墓（霊廟）**が起源

・平面形は円形や正多角形

・平面的には中心への求心力、断面的には垂直性と上昇性により聖性を表現

・天上の神の世界を直感的に意識させる

・ミサを行うには不向きな点もあるが、象徴性重視の教会堂

・この後、主に東ヨーロッパで発展

▶教会堂建築の発展

　これら２つのタイプの教会堂は、互いの長所を取り込む形で発展していく。

・バシリカ式教会堂は、ヴォールト天井や集中式教会堂のドームを採用し上昇性を表現する。この流れは、**ロマネスク教会**、さらには**ゴシック教会**へと発展する。

・集中式教会堂は、バシリカ式の四角形平面を採用しミサの不都合を解消しつつ軸性を表現する。この流れは**ビザンティン教会**へと発展する。

教会堂建築の2つの原型

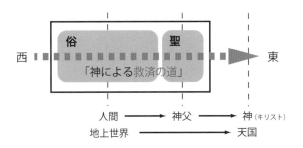

西 — 東

| 俗 | 聖 |

「神による救済の道」

人間 → 神父 → 神 (キリスト)
地上世界 ————→ 天国

天上の神の世界

ドームによる上昇性

神父 聖 俗

平面

聖

断面

庶民の意識を東側の祭壇にいる神父に集め、さらに東の
はるか彼方に救い主であるキリストを想起する。

バシリカ式教会堂概念図

庶民の意識を中央の祭壇にいる神父に集め、その後ドー
ムの上昇性により天上の神の世界を、直感的に示唆する。

集中式教会堂概念図

初期キリスト教教会の代表作品

天井が張られていることにより、
上方への意識は皆無である。

東の奥の祭壇で神父がミサを執
り行う。神父は、人間を神の世界
へと誘なう媒介の役割を果たす。

庶民は、東の彼方にキリストを
想起し、教会内部を、はるか東
へと続いていく救いの道として
認識する。

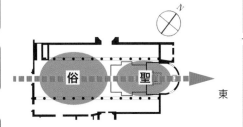

| 俗 | 聖 |

東

東への明確な軸性が読み取れる平面

サンタ・サビーナ教会　5世紀　バシリカ式教会堂の典型例

庶民が見上げた上にあるドーム
には、神の世界を彷彿とする絵
画が描かれ、神々しい光が降り
注ぐ。神の世界が象徴的に示
され、庶民は直感的にこれを
認識することとなる。

円形平面中央に祭壇が見える。
神父がここでミサを執り行う。
神父を庶民が取り囲む配置とな
るため、ミサを行う上での機能
的欠点が指摘されている。

天上の神の世界

聖

円形平面と**ドーム**による垂直性が感
じられる断面

2)

サンタ・コスタンツァ教会　4世紀　集中式教会堂の典型例 1)

教会堂建築の発展

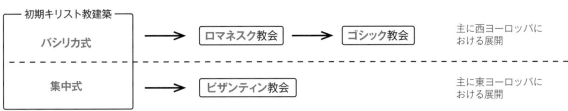

```
┌─ 初期キリスト教建築 ─┐
│   バシリカ式        │ ──→ ［ロマネスク教会］ ──→ ［ゴシック教会］   主に西ヨーロッパに
│                    │                                          おける展開
├────────────────────┤
│   集中式           │ ──→ ［ビザンティン教会］             主に東ヨーロッパに
└────────────────────┘                                      おける展開
```

キリスト教教会堂の原型

（ゴシックをロマネスクからの発展としない立場もある）

17

もっと知りたい！

▌学びのポイント▌

東ローマ帝国（ビザンティン帝国）で展開した建築がビザンティン建築である。初期にはバシリカ式や集中式の教会堂も建てられたが、集中式を発展させた独自の教会堂を完成させた。
1. ビザンティン教会（便宜上ビザンティン建築における教会建築をこのように呼ぶ）の最大の成果について理解しよう。
2. どのような構造的工夫によってそれを成し遂げたのか理解しよう。
3. ハギア・ソフィア大聖堂やサン・マルコ大聖堂など代表的なビザンティン教会について学ぼう。

▶時代背景

古代ローマ帝国が東西に分裂した後の東ローマ帝国を**ビザンティン帝国**と呼ぶ。6世紀、ユスティニアヌス帝のもとで繁栄を極めるが、その後弱体化しつつも15世紀まで存続する。

古代ギリシャ・古代ローマを継承しつつも東方的かつ、イスラムの影響も受けた独自の文化芸術を発展させた。**モザイク画**は特に有名であり、建築においてもしばしば使われた。宗教的には、東方正教会として最終的にローマ・カトリック教会と分離した結果、東ヨーロッパにも諸分野で影響を与えた。

▶ビザンティン教会の特徴

初期は、バシリカ式や集中式の教会が建てられていたが、後、異なる形式の教会堂が出現する。
それは、集中式教会堂の上昇性は維持しつつ、機能的欠点であったミサの行いにくさを改善したものである。
つまり、「四角形平面の上にドームを載せた」教会堂である。

ドームの架構法

1. **スクィンチ**

四角形平面の四隅に斜めに材を渡し、これを台座にしてドームを載せる方法。

この方法では、壁面からドームへの連続性は乏しい。

2. **ペンデンティブ**

四角形平面の4面すべてにアーチを立ち上げ、その上にドームを載せる方法。

この方法により壁面からドームへと一体的につなげることが可能となった。

▶ビザンティン教会の代表作品

1. **ハギア・ソフィア大聖堂**　6世紀

ビザンティン帝国の首都コンスタンティノープル（現イスタンブール）に建てられた帝国最大の教会。

ペンデンティブドームの構造原理を最も壮大に具現化している。初期ビザンティン建築の代表事例。

2. **サン・マルコ大聖堂**　11世紀

イタリア・ヴェネツィアに建てられたギリシャ十字式教会。この形式は中期ビザンティン建築の典型的形式。

5つのペンデンティブドームを十字形に配することで、4本の腕の長さが等しいギリシャ十字を象徴する。

その他、初期キリスト教教会堂の原型を踏襲した、**バシリカ式のサンタ・ポリナーレ・イン・クラッセ教会**、**集中式のサン・ヴィターレ教会**も初期ビザンティン建築として有名な作品である。

ビザンティン建築は、初期のイスラム建築や、東ヨーロッパの東方正教会の教会堂建築に大きな影響を与えた。

ドームの架構法

スクィンチによる架構法

真上から
ドームを内接円で載せる発想。

ドームの足場となる部分に斜めに材（スクィンチ）を渡す。

スクィンチの補強と長さを得るためにアーチ（トロンプ）を使う。

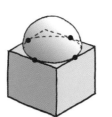

四角形平面の上に**ドームを載せること**は基本的には不可能。

（ドームは、下の壁面上に4点でしか載っていないから）

ペンデンティブによる架構法

再度立ち上げた半球ドーム

真上から

ドームを外接円で載せる発想。四角形からはみ出す部分は作らない。

下の壁面上に4点でしか載っていないが、アーチが形成されるのでドームは載る。

ドームが薄いのが欠点

左と同じ原理で、ペンデンティブを足場として再度半球ドームを立ち上げる。

ハギア・ソフィア大聖堂

外観からも、四角形平面上に円形ドームが載っていることが確認できる。

4本の尖塔（**ミナレット**）は、イスラム教のモスクとして使用されていた時代に付加された。

1)

当時は「**天から吊り下げられたドーム**」と称えられた。

壁面からドームへと連続的につながり、上昇感も全く途切れることがない。

2)

平面は四角形でミサにも都合が良い。上を見上げると巨大な円形ドーム。

ビザンティン教会の代表作品

天井は張らず、木造の小屋組が現し

東奥のアプスのモザイクが美しい**バシリカ式**の教会堂

イタリア・ラヴェンナに建てられた代表的な初期ビザンティン教会

サンタ・ポリナーレ・イン・クラッセ教会　6世紀 3)

イタリア・ラヴェンナに建てられた代表的な初期ビザンティン教会

八角形の**集中式**教会堂

集中式教会堂であるが、祭壇はミサの不都合を回避するため中央ではなく、隅に配置されている。

サン・ヴィターレ教会　6世紀

ギリシャ十字形に配された5つのペンデンティブドーム

内部はヴェネツィアの財力を象徴する黄金のモザイクで有名

ギリシャ十字式教会堂と呼ばれるビザンティン教会の一つの形式

サン・マルコ大聖堂　11世紀 4)

9つあるドームは、中央部が膨らんだ**葱坊主型**と呼ばれるもの

モスクワ赤の広場に建つロシアにおいて最も格式の高い教会

ビザンティン教会は、ロシアの教会堂建築にも影響を与えた。

聖ワシリイ大聖堂　16世紀 5)

もっと知りたい！

■ 学びのポイント ■

西ヨーロッパでは、11世紀頃、バシリカ式教会堂をベースとしたロマネスク様式の教会堂が生まれる。
ローマ時代の遺構を手本にしたため「ローマ風」という意味合いからの様式名称であるが、地域により
その特徴にはかなり差がある。ロマネスク建築の主役であるロマネスクの教会堂について学習する。
① バシリカ式教会堂をベースとしたロマネスク教会の建築的特質について学ぼう。
② ロマネスク教会の構造的問題点について理解しておこう。
③ 巡礼街道沿い、ドイツ、イタリアと地域によって異なるロマネスク教会の特徴について整理しよう。

▶時代背景

　中世を通じて、キリスト教の権威は高まっていき、11 〜 12世紀頃には王権をも凌ぐ絶頂期を迎える。数々の
修道会も設立され、各地に修道院が建設された。同時に教会も建設された。
　また、スペインのサンティアゴ・デ・コンポステラへの聖地巡礼がブームとなり、街道沿いに教会が建てられた。

▶ロマネスク教会の特徴

　地域による差が大きいが、フランスでは巡礼街道沿いなどに、ほぼ同様の特徴を持つ一群の教会堂が建てられた。

① 石造ヴォールトの採用

- ・従来の木造の小屋組による屋根に代わり、石造ヴォールトによる屋根が採用されるようになる。
- ・その理由として、機能的側面からの火災対策、音響効果をあげることができる。石造ヴォールト採用の最も重要な成果は従来のバシリカ式教会堂には不可能であった上昇感の表現である。
- ・しかしながら、石造ヴォールトは、構造上横へ広がる力を生み出してしまう。この力に対抗するため、壁は厚く、低く、開口部は少なくならざるをえない。
- ・この結果、内部空間は、薄暗い圧迫感のあるものとなるが、数少ない光を「神に選ばれた光」へと転化して神の世界を崇高に表現した。
- ・また、石の素材感についても、その重厚さや素朴さを肯定的に表現した。

② ラテン十字形平面

- ・平面の形がラテン十字の形へと近づく。
- ・このことは機能的な理由にもよるが、何よりも地上の神の家としての教会堂が、キリスト教の象徴でもある十字架の形になること自体に重要な意味がある。

より深く！

聖地巡礼

キリスト教の聖地は、エルサレム、ローマが有名である。中世、キリストの
12人の弟子の一人である聖ヤコブの遺骨が発見されたことにより、スペイン
のサンティアゴ・デ・コンポステラが一躍聖地として脚光を浴びる。フランス国内から巡礼の道が整備され、この道沿いに数々の教会がロマネスク様式
で建設された。現在でも、この聖地巡礼の伝統は脈々と受け継がれている。

サンティアゴ・デ・コンポ
ステラへの巡礼の道

修道院と修道会

キリスト教において厳格な戒律のもとで共同生活を行う場を**修道院**、その母体となる団体を**修道会**という。
修道院には、修道士たちが自給自足の生活を営むためのさまざまな施設があり、単なる祈りの空間ではなく、
農業生産、地域開拓、研究、行政などさまざまな役割を担った地域共同体の中核であった。

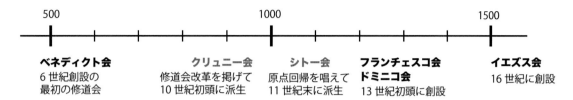

ベネディクト会	クリュニー会	シトー会	フランチェスコ会 ドミニコ会	イエズス会
6世紀創設の 最初の修道会	修道会改革を掲げて 10世紀初頭に派生	原点回帰を唱えて 11世紀末に派生	13世紀初頭に創設	16世紀に創設

主要修道会の創設時期

石造ヴォールトの導入

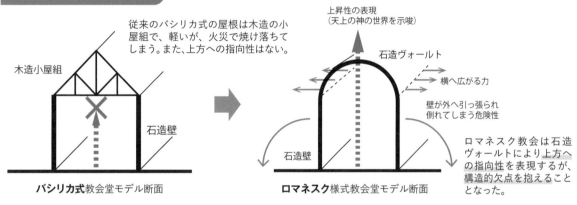

従来のバシリカ式の屋根は木造の小屋組で、軽いが、火災で焼け落ちてしまう。また、上方への指向性はない。

木造小屋組

石造壁

バシリカ式教会堂モデル断面

上昇性の表現（天上の神の世界を示唆）

石造ヴォールト

横へ広がる力

壁が外へ引っ張られ倒れてしまう危険性

石造壁

ロマネスク様式教会堂モデル断面

ロマネスク教会は石造ヴォールトにより上方への指向性を表現するが、構造的欠点を抱えることとなった。

ラテン十字形平面

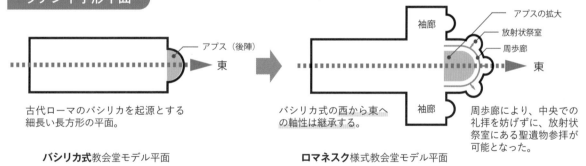

アプス（後陣）

東

古代ローマのバシリカを起源とする細長い長方形の平面。

バシリカ式教会堂モデル平面

袖廊

アプスの拡大

放射状祭室

周歩廊

東

袖廊

バシリカ式の西から東への軸性は継承する。

周歩廊により、中央での礼拝を妨げずに、放射状祭室にある聖遺物参拝が可能となった。

ロマネスク様式教会堂モデル平面

より深く！

クリュニー会の教会堂

クリュニー会は典礼が壮麗なことも有名であり、最盛期に建てられたクリュニー第3修道院教会堂は未曾有の大規模建築であった。
巨大化した教会堂。二重交差廊、多数の放射状祭室、複数の塔などにより外観も威容を誇る。ロマネスク教会堂の一つの到達点を示す。労働と学習を重んじ質素を旨とした**シトー会**とは、一線を画した。

（次ページでシトー会のル・トロネ修道院附属教会について説明）

クリュニー第3修道院復元図 [1]
1098-1108頃

▶ロマネスク教会の代表作品

1 ル・トロネ修道院附属教会　1160-1200頃

シトー会に属する修道院に付属する教会。シトー会は「清貧」を特に重んじる修道会であり、この教会にも、余分な装飾はまったくない。石をただ積み上げただけの、素朴だが気品のある教会である。

後世、近代建築の巨匠ル・コルビュジエが、修道院の設計の参考にしたことでも知られる。

2 シュパイヤー大聖堂　1030-1106

ドイツロマネスクの代表例である。皇帝主導で建設された**「カイザードム（帝室大聖堂）」**の一つであり、皇帝の権威を象徴するような巨大さ、6本の塔の林立する姿、「西構え」と呼ばれる西側の荘厳な構成などにドイツ的な特徴がある。

3 ピサ大聖堂　1063-1272

イタリアロマネスクの代表例。イタリアでは、初期キリスト教教会の伝統が強く、石造ヴォールトを持たない、木造の小屋組による屋根が多かった。西側正面の小アーケードを積み重ねた構成も特徴的である。

4 サント・フォア聖堂　11世紀半ば-12世紀初頭

巡礼路教会堂の代表例。山岳地帯の峡谷の斜面に位置する小村コンクにある教会堂。巡礼者が聖遺物を見るために堂内を巡回できるよう計画されている。

5 ダラム大聖堂　1093-1133

ノルマンロマネスクの代表例。土着の幾何学的装飾デザインとともにゴシック教会で用いられるリブ付きの交差ヴォールトがいち早く採用されている。

より深く！

プレ・ロマネスク建築

西ヨーロッパにおけるおおよそ7世紀から10世紀までの時代の建築は、後のロマネスク建築を準備したという意味で**プレ・ロマネスク建築**と呼ばれる。

世界的に有名な建築としては、フランク王国時代のカロリング朝建築である**アーヘン宮廷礼拝堂**がある。

アーヘン大聖堂 [2]　796−805
宮廷礼拝堂（中央部）をベースにのち増築された。

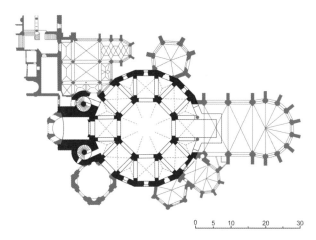

アーヘン大聖堂 平面図 [3]
外側は十六角形、中央部は八角形平面であり、**シャルルマーニュ**が古代ローマ建築の手本と考えたサン・ヴィターレ教会の影響を受けたとされる。

ル・トロネ修道院

清貧を信条とするシトー会の修道院。
外観も石を積み上げただけの質素な佇まい。
4)

石造ヴォールトの採用

天井が低く、採光量も少ないが神の光へと転化

内部にも装飾はほとんどない。
5)

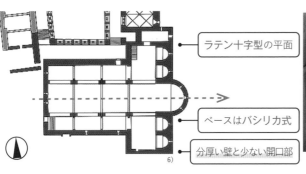

ラテン十字型の平面

ベースはバシリカ式

分厚い壁と少ない開口部
6)

石の素朴さ、暖かさ、さらには清潔感すら感じられる。

敷地の高低差をそのまま生かした回廊
7)

ロマネスク教会の代表作品

ドイツロマネスクは巨大さに特徴がある。

西側の正面は皇帝の権力を象徴する西構えと呼ばれる形式。

シュパイヤー大聖堂 8)

ヴォルムス、マインツとともに三大帝室聖堂の一つ。

イタリアを代表するロマネスク様式の教会。斜塔でも有名。

ピサ大聖堂 9)

西正面上部の細かいアーケードは小人ギャラリーと呼ばれる。

巡礼路に沿った山深い小村に立地する。

サント・フォア聖堂 10)

サン・セルナン、サンティアゴ・デ・コンポステラとともに現存する巡礼路教会の一つ。

交差ヴォールトの採用

幾何学的なデザイン

ダラム大聖堂 11)

ノルマンロマネスクはイギリスだけではなく、この後、イタリア・シチリア島周辺にも影響を与える。

もっと知りたい！

▌ 学びのポイント ▌

12世紀中頃、フランス・パリ周辺でロマネスクとは全く異なるゴシック様式が誕生した。
ロマネスク教会が抱えた構造的問題を解決し、圧倒的な高さとステンドグラスによる光を実現した教会であった。そしてこの様式は全ヨーロッパへと波及していった。
ゴシック建築の主役であるゴシックの教会堂について学習する。
　1 **ゴシック教会の構造的工夫を理解しよう。**
　2 **ゴシック教会におけるキリスト教の世界観の表現方法について学ぼう。**
　3 **代表的なゴシック教会および諸外国へ波及したゴシック教会の建築的特徴を整理しよう。**

▶ゴシック教会の構造的工夫

①尖頭アーチの採用

　ヴォールトを構成するアーチの上部を尖らせることで、アーチが横に広がろうとする力を軽減する。

②交差ヴォールトの連続配置

　トンネルヴォールトではなく、四隅にしか力がかからない交差ヴォールトを、連続的に配置することで、互いの力を次々と打ち消し合い、外壁の特定の箇所にのみ外側に力がかかるようにする。

　外壁の大部分は力がかからなくなるので、ここにステンドグラスを入れていく。

③控壁、飛梁の利用

　外側に向かって力がかかる部分については、控壁、もしくは飛梁によって、この力に対抗する。

以上の工夫は、個別のものではなく、統合された一体的なものである。

▶ゴシック教会の建築的特徴

上記の工夫の結果、ゴシック教会は、ロマネスク教会とは対照的な建築的特徴を獲得した。

①圧倒的な高さ

　ゴシック教会では、40mを超える天井高を達成する。圧倒的な高さは、垂直性、上昇性の表現につながり、天上の神の世界を示唆する。

　バシリカ式をベースにしたゴシック教会であるが、ここに集中式の特徴を見事に獲得した。

②あふれる光

　ステンドグラスにより変質された光で満たされた内部空間は、より象徴的に神の世界を表現した。

　「バラ窓」は、ステンドグラスにより装飾された巨大な円形の窓である。

③石の素材感の否定

　「束ね柱」は、その典型であり、石の重さを感じさせないように、1本の太い柱ではなく、細い柱の集合体として見せる。ステンドグラスを多用することで、ロマネスクの「石の教会堂」に対して、ゴシックは「ガラスの教会堂」となった。

④都市の中心としての教会堂

　巨大なゴシックの教会堂は、その多くが都市の中心部に建設された。

　都市のシンボルとしても機能し、その建設には町の威信をかけ、数百年かかることも珍しくなかった。

ゴシックの構造的工夫

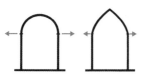

半円アーチ
ロマネスク

尖頭アーチ
（尖りアーチ）
ゴシック

左の半円アーチに比べると、右の尖頭アーチは迫元での横に広がろうとする力が軽減される。

トンネルヴォールトではすべての部分で横方向の力が働く。

ロマネスク

交差ヴォールトでは、特定の場所にアーチが広がろうとする方向にだけ力が働く。

打ち消しあう
打ち消しあう

外向きに残った力を抑えるために、控壁（飛梁）を入れる。

交差ヴォールトを連続的に並べることで、隣同士接する部分では、力が打ち消しあう。

＊交差ヴォールトそのものは、古代ローマから使われており、ロマネスクの教会堂でも一部採用されている。

ゴシック

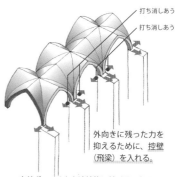

1章 西洋建築史

ゴシック教会の構成

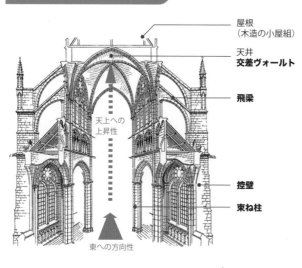

屋根（木造の小屋組）
天井 **交差ヴォールト**
飛梁
天上への上昇性
控壁
束ね柱
東への方向性

ゴシック教会の内部構成（アミアン大聖堂） 1)

様々な構造的工夫を統合することにより、バシリカ式元来の東へ向かう軸性だけでなく、天上の神の世界へと向かう上昇性を手に入れた。

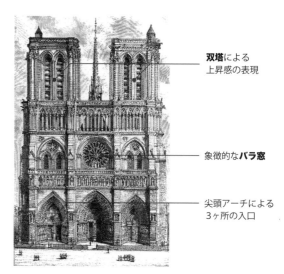

双塔による上昇感の表現

象徴的な**バラ窓**

尖頭アーチによる3ヶ所の入口

ゴシック教会の正面構成（パリノートルダム大聖堂） 2)

このような典型的なゴシック教会の正面構成を調和正面と呼ぶ。

ゴシック教会のデザイン

バラ窓（シャルトル大聖堂） 3)

教会の入口正面や袖廊には、ステンドグラスによる円形の窓が作られた。ゴシック教会のトレードマークとなった。

束ね柱（ランス大聖堂） 4)

柱を線状要素の集合体とするこで、石は重力から解放され、天に向かって伸びていく植物の茎のようにも見える。

六分交差ヴォールト 5)（パリ大聖堂）

四分交差ヴォールト 6)（アミアン大聖堂）

交差ヴォールト

初期は六分交差ヴォールトであったが、後、四分交差ヴォールトで完成する。フランス以外の他国では多様な交差ヴォールトが出現する。

▶ゴシック教会の代表作品

1 **アミアン大聖堂**　1220-88

「**ゴシックの王者**」と称えられる様式的にももっとも完成度の高い作品。四分交差ヴォールト、身廊壁面の3層構成、束ね柱の徹底、圧倒的な高さと明るさ、すべてにおいてゴシック教会の完成形と言える。

2 **パリノートルダム大聖堂**　1163-1250頃

初期ゴシックの代表事例である。世界的に有名であるが、建築様式的には、六分交差ヴォールトの利用、束ね柱の不徹底など、まだ未熟な部分もある。

3 **ケルン大聖堂**　1248-1560,1842-1880

ドイツゴシックの代表例。アミアン大聖堂を手本とした最大規模のゴシックの教会堂。中断の時期があったとはいえ、建設に600年以上の歳月を費やしたことでも有名。

4 **ミラノ大聖堂**　1386-1577

イタリアゴシックの代表例。フランスの双塔形式とは異なり、水平に広がった独自の正面構成を見せるが、夥しい数の尖塔が建ち並ぶ姿には、強い垂直性も感じられる。

5 **サント・シャペル**　13世紀中頃

小規模であるが、ゴシックの構造原理を極限まで推し進めた事例である。内陣と4つの交差ヴォールトの端部外側には控壁が建ち、それ以外の隙間にはすべてステンドグラスが嵌め込まれている。内部空間はさながらガラスの宝石箱のようである。

より深く！

ゴシックの発展と国際化

高さと明るさへの飽くなき挑戦、それを可能にした構造的論理と完成された形態が完全に一致したゴシックの教会堂であったが、時代とともに装飾化されていく。また、それぞれの国や地域の事情により変質されていく。ゴシック発祥のフランスにおいては、**レヨナン式**を経て、**フランボワイヤン式（火焔式）**と呼ばれる後期ゴシックの典型的な様式へと移行する。

イギリスにおいては、当初から装飾的傾向が強かったが、特に交差ヴォールトにその特徴が現れる。（網状ヴォールト、扇状ヴォールトなど）

サン・マクルー聖堂 [7]
フランボワイヤン式の代表例

エクシター大聖堂 [8]
網状ヴォールトの代表例

キングスカレッジ礼拝堂 [9]
扇状ヴォールトの代表例

アミアン大聖堂

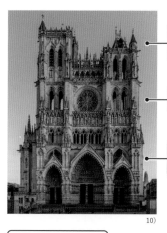

典型的な調和正面が構成されている。

中央にバラ窓、両側に双塔。

尖頭アーチによる3ヶ所の入り口。

10)

圧倒的な高さ（天井高42.3m）を達成。

東への軸性はそのままに、同時に垂直上昇性を表現。

束ね柱により、石の素材感を否定し、上昇感を表現。

11)

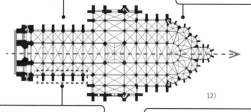

ベースは**バシリカ式**

典礼の荘厳化に伴い内陣が巨大化する。

控壁
（外壁と垂直に配置されている壁はすべて）

交差ヴォールトの連続配置
（×印はすべて交差ヴォールト）

12)

周囲を威圧する巨大さ。町の中心としての聖堂。

外側には**控壁**と**飛梁**が並ぶ。

13)

ゴシック教会の代表作品

初期ゴシックの代表例。世界的にも有名な作品。

外壁には、控壁、飛梁が並ぶ。バラ窓や西側の調和正面も特徴的。

パリノートルダム大聖堂 14)

600年以上の歳月を費やして建設。

アミアン大聖堂を手本とする。

ケルン大聖堂 15)

136本もの尖塔が垂直性を強調する。

水平に広がった正面の構成

ミラノ大聖堂 16)

壁面はほぼステンドグラスで覆われる。

レヨナン式の代表例であり、石は線状化され、その素材感を失う。

サント・シャペル 17)

復習 2　中世の教会建築

▶**初期キリスト教建築の教会堂について**
① 初期キリスト教建築の教会堂の2つの原型の名称を答えよ。
② バシリカ式教会堂における聖なる方位を答えよ。
③ 集中式教会堂における聖なる方向を答えよ。
④ バシリカ式教会堂から発展した教会の様式を答えよ。
⑤ 集中式教会堂から発展した教会の様式を答えよ。

図1　　1)　　図2　　2)

▶**ビザンティン建築の教会堂について**
① 四角形平面の上にドームを載せる架構法のうち斜材（アーチも含む）
を四隅に入れ、これを台座として載せる方法の名称を答えよ。（図1）
② 四角形平面の上にドームを載せる架構法のうち4面にアーチを立ち上
げ、これを台座として載せる方法の名称を答えよ。（図2）
③ トルコにあるビザンティン建築の教会堂の代表事例を答えよ。（図3）

図3　　3)

▶**ロマネスク建築の教会堂について**
① ロマネスク建築の教会堂が採用した屋根の構造を答えよ。
② ①の結果、ロマネスクの教会はどのような特徴を持ったか答えよ。
③ ロマネスクの教会において光や石はどのように扱われたか。
④ 多くのロマネスクの教会に共通する平面の形を答えよ。
⑤ 巨大さに特徴のあったドイツロマネスクの西面の構成を答えよ。

図4　　4)　　図5　　5)

▶**ゴシック建築の教会堂について**
① 半円アーチに変わって多用されたアーチの名称を答えよ。
② トンネルヴォールトに変わって、効率的に力を分散消去させるために
多用されたヴォールトの名称を答えよ。
③ 最終的に外壁に残る力を負担するための構造体の名称を答えよ。（図4）
④ ステンドグラスを嵌め込んだ巨大な円形窓の名称を答えよ。
⑤ 石の素材感を消すために用いられた手法の名称を答えよ。（図5）
⑥ ゴシックの教会において成立し標準化した西面の構成を答えよ。（図6）

図6　　6)

....

解答

▶**初期キリスト教建築の教会堂について**
①バシリカ式（長軸式）、集中式（有心式）　②東　③天（上方）　④ロマネスク様式、ゴシック様式　⑤ビザンティン様式
▶**ビザンティン建築の教会堂について**
①スクィンチ　②ペンデンティブ　③ハギア・ソフィア大聖堂
▶**ロマネスク建築の教会堂について**
①石造ヴォールト　②厚い壁、少ない窓、低い天井　③数少ない光を「神に選ばれた光」とし、石の素材感は積極的に表現した　④ラテン十字型　⑤西構え
▶**ゴシック建築の教会堂について**
①尖りアーチ（尖頭アーチ）　②交差ヴォールト　③控壁、飛梁　④バラ窓　⑤束ね柱　⑥調和正面

発展学習 ❷ イスラム建築

もっと知りたい！

▶時代背景

　ムハンマド（マホメット）のもと中世に勃興したしたイスラム勢力は、8世紀初頭には、アラビア半島を拠点として、中央アジア、北アフリカ、一部ヨーロッパにまたがる大帝国を築き上げた。アラブ系、トルコ系、イラン系、インド系など様々なイスラム王朝・国家が成立したが、各地でイスラム教の教義に裏打ちされた**モスク**を代表とする独自の建築文化も花開いた。

　西洋建築との関係では、中世にイスラムの占領を受けたイベリア半島には、イスラム文化の大きな影響が見られ、特にその過剰とも言える装飾性はスペインの建築の特徴となった。

▶代表的建築物

ムカルナス
（鍾乳石風装飾）
は精緻を極める。

イスラム建築でよく見られる入り口の尖りアーチ状の窪みは「**イーワーン**」と呼ばれる定番である。

当時、「世界の半分」とまで言われたイランの都イスファハンに建つモスク。

王のモスク（イマームモスク） 17世紀 [1]

4本の尖塔（**ミナレット**）は、イスラムのモスクの定番である。

中央の膨らんだドームは**インドイスラム様式**に典型的。

インドイスラム様式の最高傑作。総大理石造の墓廟である。

タージ・マハル 17世紀 [2]

イスラム式庭園は、泉水を中心にと四方に伸びる水路が特徴。

イベリア半島最後のイスラム王朝ナスル朝時代の宮殿にある世界的に有名な庭園。

アルハンブラ宮殿獅子の中庭 14世紀 [3]

縞模様のアーチを伴った柱が森のように広がる礼拝の間。

イスラム教のモスクとして建設されたが、後世、キリスト教の教会として転用された。

コルドバの大モスク 8世紀 [4]

より深く！

イスラム世界の装飾性の伝統

イスラム教においては偶像崇拝は禁止されている。そのため、神の似姿を作ったり、描いたりすることはできず、聖性は装飾文様によって表現される。ヨーロッパでは**「アラベスク文様」**と呼ばれるが、幾何学形態や植物文様の繰り返し、装飾文字によって構成される。
建築においても、内部の装飾として多用された。

セリミエモスクのドーム 16世紀 [5]

もっと知りたい！

学びのポイント

15世紀、イタリア・フィレンツェから始まったルネサンス運動は、芸術運動にとどまらない文化全般に関わる運動であった。この後、ローマ、全ヨーロッパへと伝播し、ヨーロッパの近世を形成した。この時代に展開した建築がルネサンス建築である。

- **1** ルネサンスとは？また、その時代精神がどのように建築に反映されているのか理解しよう。
- **2** 代表的なルネサンス時代の建築家および代表作品の建築的特徴について学ぼう。
- **3** ルネサンス後期（末期）に流行したマニエリスム建築について理解しよう。
- **4** イタリアルネサンス建築の影響を受けたヨーロッパ諸外国のルネサンス建築についても概観しよう。

▶ルネサンスとは

ルネサンスの重要な特徴として以下の3点をあげることができる。

①人間中心の世界観

- ・神を中心とした中世のキリスト教的世界観ではなく、「人間こそがこの世の中の主人公である」という人間中心の世界観（**ヒューマニズム**）となる。
- ・芸術家の作家性が生まれ、ダヴィンチやミケランジェロなど「**万能の天才**」が登場する。

②科学的視点の導入

- ・呪術的な発想ではなく、理性にもとづいた、合理的かつ科学的な根拠が重視される。
- ・絵画の分野では**透視図法**が完成する。

③古典・古代の復活

- ・古代ギリシャ、古代ローマが理想の世界とされ、これらの時代が学ぶべき手本として復活する。

▶ルネサンス建築の特徴

上記の考え方を反映して、ルネサンス建築は、以下のような特徴を有する。

①建築家の作家性の誕生

- ・「神が人間の手を借りて作った建築」ではなく、「人間である建築家が設計した建築」という考え方に移行。
- ・ルネサンス時代に活躍した主な建築家

  - **1** F.ブルネレスキ　　彫刻家としても有名。初期ルネサンスの代表的建築家。
  - **2** L.B.アルベルティ　「絵画論」「建築論」を著す。数学、音楽、詩作にも秀でた万能の天才。
  - **3** D.ブラマンテ　　　盛期ルネサンスの建築家。古代ローマ建築の復活を成し遂げた。
  - **4** A.パラディオ　　　後期ルネサンスの建築家。作風は「**パラディアニズム**」として影響を与えた。

②科学的視点

- ・建築工法（構造、施工方法、建設手順など）の研究が行われる。
- ・透視図法を活用した建築の登場

③古代建築の復活

- ・古代ギリシャ建築、古代ローマ建築が復活する。（特に古代ローマ建築が重要とされた）
  具体的には、オーダー、シュムメトリア、幾何学性、対称性などが再度重視されるようになる。

ルネサンスの時代精神

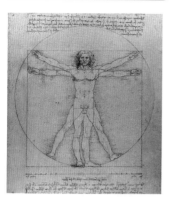

一般的には、人体寸法が比例の理にかなっていることを示すとされている。円が象徴する天上世界と正方形が象徴する地上世界の両方、つまりすべてを司るのは人間であると解釈する説もある。

「ウィトルウィウス的人体比例図」 ダ・ヴィンチ [1]

「ヴィーナスの誕生」 A.ボッティチェリ [2]

中世のキリスト教的世界では、古代ギリシャの神話の世界を描くことや、裸体を描くことはタブーとされていた。この絵画は古代ギリシャ世界が手本として復活したことを如実に示す。

透視図法の成立

①「慈悲の聖母（部分）」 B.ダッディ　14世紀前半 [3]

②「善政の効果（部分）」 A.ロレンツェッティ　14世紀前半 [4]

①城壁の内部に都市の主だった建築物が描かれているが、大きさや向きはバラバラで、写実的というよりも記号的表現である。
②厳密な透視図法には則っていないが、街の中の情景を臨場感を持って読み取ることができる。
③透視図法に従って厳密に描かれており、実際の人間の目線に忠実に描かれている。

③「理想都市（部分）」 作者不詳　15世紀後半 [5]

ルネサンス時代の代表的建築家

F.ブルネレスキ [6]
1377-1446

L.B.アルベルティ [7]
1404-1472

D.ブラマンテ [8]
1444-1514

A.パラディオ [9]
1508-1580

←――――――――――――――――――――――――→

初期ルネサンス　　　　　　　　盛期ルネサンス　　　　　　　　後期ルネサンス

▶ルネサンス建築の代表作品

1 **サンタ・マリア・デル・フィオーレ大聖堂　F.ブルネレスキ　15世紀前半**
ブルネレスキが手がけたのはドーム（クポラ）である。中空の**二重殻構造**として重量を軽減し、補強材（リブ）を用いることにより、巨大なドームを載せることに成功した。これ以降、このドームはフィレンツェのシンボルとなる。科学的視点としての工法の研究が生かされた事例である。

2 **パラッツォ・ルチェライ　L.B.アルベルティ　15世紀中頃**
パラッツォは、町中にある貴族の邸宅のことである。アルベルティは、2階と3階にアーチと付け柱が交互に並ぶデザインを施した。これは、古代ローマのコロッセオのデザインであり、各階のオーダーも、1階がドリス式、2階がイオニア式、3階がコリント式になっており、コロッセオに倣っている。古代ローマ建築を手本とした事例である。

3 **テンピエット**（サン・ピエトロ・イン・モントリオ教会殉教者記念礼拝堂）　**D.ブラマンテ　16世紀初頭**
聖ペテロの殉教記念堂として建てられた小規模の建築物であるが、ルネサンス建築のもっともよく知られた事例である。円形平面をベースとし厳格な**シュムメトリア**の考えに基づいた全体構成は古代ローマ建築に比肩すると評された。この構成は、教会の交差部に載るドームのデザインとして後世に影響を与えることとなる。

4 **ヴィラ・ロトンダ**（ヴィラ・カプラ）　**A.パラディオ　16世紀後半**
ヴィラは、郊外にある貴族の別荘のことである。古代ギリシャの神殿風のエントランス、中央にドームを載せているが、もっとも特徴的なのは平面計画である。対称性や幾何学性を徹底的に重視したところに、古代ローマ建築との共通性、ひいては西洋人の美に対する根源的な考え方を垣間見ることができる。

▶マニエリスム建築

ルネサンス時代の末期、ルネサンス建築の調和や均整を意識的に崩すデザインが流行した。本質には関係のない小手先の手法にこだわるという意味で**マニエリスム建築**（イタリア語で手法のことをマニエラという）と名付けられた。ルネサンス建築にとっては、堕落・退廃であるが、次の時代様式であるバロックから見ると、その「動き」の感覚はバロックへとつながる先駆的意味も有する。

より深く！

ルネサンス建築の他国への伝播
イタリアルネサンスは、フランス、イギリス、ネーデルランド、ドイツ、スペインなどに伝播していく。
ただし、これらの地域では古典古代を直接復活させたのではなく、イタリアルネサンスが復活させた古典古代をそのまま取り入れたり、さらにその孫引きであるなどの傾向が強く、そこにそれぞれの地域性が融合したものであった。
フランスでは、ロワール川流域の城館建築とパリの宮殿建築に代表例を見ることができる。
イギリスでは、**チューダー、エリザベサン、ジャコビアン**と独自に様式が分類されるが、パラディオの影響（**パラディアニズム**）も無視することはできない。
ネーデルランド、ドイツでは市庁舎建築が典型的である。
スペインでは装飾性の強い**プラテレスコ様式**と、装飾性を排した**エレーラ様式**が展開した。

ルネサンス建築の代表作品

教会本体に不釣り合いなほど巨大なドーム（クポラ）

フィレンツェの街のシンボルであるとともに、ルネサンス幕開けのシンボルである。

サンタ・マリア・デル・フィオーレ大聖堂 10)

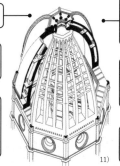

リブによる補強

半球ドームではなく、上に少し引き上げた形。横に広がる力を軽減。

二重殻の隙間に工事の足場を設けることで、工事の安全性も確保。

二重殻構造により、ドームの重量が軽減される。

11)

2階と3階は、アーチと柱が交互に並ぶデザイン。古代ローマのコロッセオと同じ。

3階は**コリント**式

2階は**イオニア**式

1階は**ドリス**式

パラッツォは、貴族が街中に建てる邸宅。3層構成が基本。

パラッツォ・ルチェライ 12)

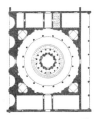

2階に円形ドームを載せた構成は、後世の教会等の交差部のデザインに影響を与える。

当初は列柱の建つ円形の中庭の中央に建てられる計画であった（円形をモチーフとした強い対称性）。

厳格なシュムメトリアに基づく全体構成。

トスカナ式オーダー

テンピエット 13)

14)

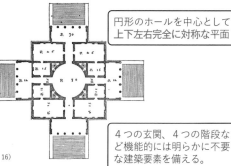

中央にはドームが載る

玄関は古代ギリシャの神殿のモチーフ

ヴィラは、貴族が郊外に建てる別荘

ヴィラ・ロトンダ 15)

円形のホールを中心として上下左右完全に対称な平面

4つの玄関、4つの階段など機能的には明らかに不要な建築要素を備える。

16)

マニエリスム建築の代表作品

曲線を大胆に用いた階段の造形は非常に力動的であり、バロック建築を予感させる。

柱は2本ずつ壁に埋め込まれ、床まで伸びず、途中から持ち送りによって支えられる。

巨大化した要石（キーストーン）

柱で支えられていないペディメント

ずり落ちそうなトリグリフ

大きさ、凹凸感、表面のテクスチャーなど多彩な石のデザイン

等間隔になっていない柱間隔

あらゆる部分が奇想に満ちあふれた典型的なマニエリスム建築である。

持ち送り

パラッツォ・デル・テ　G.ロマーノ 17)

ラウレンツィアーナ図書館前室　ミケランジェロ 18)

33

もっと知りたい！

■ **学びのポイント** ■

16世紀、宗教改革によって失墜したカトリックの権威を回復すべく、**イエズス会**が中心となって**対抗宗教改革運動**が行われた。建築においては、キリスト教の権威や栄光をより分かりやすい形で表現することが求められた。これがイタリアにおけるバロック建築の始まりである。

1 バロック建築の建築的特質について理解しよう。
2 バロック建築の2大巨匠による二つの流れとそれぞれの代表作品について学ぼう。
3 他国へと影響を与えたバロックの特徴およびロココ様式について学ぼう。

▶バロック建築の特質

・キリスト教の権威や栄光をより分かりやすい形で表現するために以下のような建築的特質が目指された。

①「動き」の感覚	動かない建築に動きの感覚を取り入れることにより、力動的な力強さを感じさせる。
②「劇的」な空間	観者を惹き込む劇場のようなドラマチックな演出性。
③直感的な把握	理性によって判断するのではなく、見た瞬間に直感的に感じ取れる壮大さ。

・これを実現するため以下のような建築要素が多用された。

①曲面、曲線	「動き」を表現できるもっとも基本的な要素、特に曲面壁はバロック建築最大の特徴である。
②楕円	完結した形態である正円に、軸性（動き）を持たせた形態としての楕円。
③螺旋	回転と上昇のイメージにつながる。ねじり柱としても活用された。
④透視図法	ルネサンス建築でも活用されたが、バロック建築では力の表現を意図する目的で用いられた。

▶バロック建築の二大潮流

・バロックの建築家として以下の二人が有名だが、作風は大きく異なる。

1 G.L.ベルニーニ

「最後の万能の天才」と呼ばれる。彫刻家としても有名。

「雄大さ」と「力強さ」を特徴とする。当初のバロックの目的に合致している。

2 F.ボッロミーニ

異才。同じ建築要素を扱いながら、力強さとは異なる作風を確立した。

「幻想性」と「陶酔感」を特徴とする。当初のバロックの目的とは異なる特質である。

より深く！

サン・ピエトロ大聖堂の改築

現在、キリスト教の総本山であるサン・ピエトロ大聖堂は、もとは4世紀に建設されたバシリカ式教会堂だが、ルネサンス期以降に再建されたものである。莫大な資金を集めるための免罪符の販売が、ルターの宗教改革の原因となり、さらにこれに対抗するカトリック側によるバロック建築の原動力ともなった。

教会はブラマンテやミケランジェロなど錚々たる建築家のアイデアにより集中式教会堂として建設が進められた。バロック期には、再びバシリカ式として修正付加が行われ、ベルニーニがここに壮大さを演出する様々な建築装置を付加していった。

バロック時代の代表的建築家

G.L.ベルニーニ [1]
1598-1680

F.ボッロミーニ [2]
1599-1667

G.グァリーニ [3]
1624-1683

後期バロック建築の巨匠。哲学者、数学者としても活躍。ボッロミーニの影響を受けつつ、幾何学、神学をベースとした独自の作風を打ち立てた。

雄大さ ← → 幻想性

サン・ピエトロ大聖堂

旧サン・ピエトロ大聖堂 [4]
バシリカ式教会堂として4世紀に建設された。

ルネサンス期以降の改築計画案

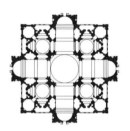

ブラマンテ案 [5]
堂々たる集中式の案

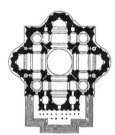

ミケランジェロ案 [6]
ブラマンテ案の規模を縮小して受け継ぐ

ミケランジェロ設計のドームには、テンピエットの影響もある。

5万人収容の世界最大のキリスト教の教会堂。

教会堂の前にはベルニーニによる楕円形の広場が広がる。

[7]

豪華絢爛たる内部空間。様々な芸術家の手になる作品で埋め尽くされる。

バルダッキーノが中央奥に見える。

[8]

バルダッキーノ

スカラ・レジア

サン・ピエトロ広場

最終完成形 [9]
ミケランジェロ案をベースに、バシリカ式に変更。さらに、ベルニーニの広場が付加される。

▶バロック建築の代表作品

1 **サン・ピエトロ広場　G.L.ベルニーニ　17世紀中頃**

　　ルネサンス期にブラマンテやミケランジェロなどにより再建が始まったサン・ピエトロ大聖堂。ベルニーニはこれに腕のように突き出した楕円形の広場を付加した。広場は列柱廊に囲まれ、信者たちを力強く抱きかかえる。

2 **バルダッキーノ（サン・ピエトロ大聖堂内部）　G.L.ベルニーニ　17世紀前半**

　　教皇の祭壇の上に建つ4本のねじり柱で支えられた大天蓋。ねじり柱は、力動的な上昇感を生み出す。

3 **スカラレジア（サン・ピエトロ大聖堂内部）　G.L.ベルニーニ　17世紀中頃**

　　スカラレジアは、上っていくにつれ階段幅を狭くし、天井高を低くすることで、遠近感を強調する。増幅された距離感によって権威を示唆する。

4 **サン・カルロ・アッレ・クワトロ・フォンターネ聖堂　F.ボッロミーニ　17世紀中頃**

　　ボッロミーニの代表作。大きく凹凸を繰り返す外壁に対して、内部は正八角形、正六角形、ギリシャ十字を組み合わせて埋め尽くされた楕円形のドーム天井を曲面壁が支える。力動的でありながら、ベルニーニとは異なるボッロミーニ特有の幻想性を確立した作品。

5 **サン・ティーヴォ・アッラ・サピエンツァ聖堂　F. ボッロミーニ　17世紀中頃**

　　正三角形と6つの円形を組み合わせて縁取られた独特の平面計画と頂部の螺旋形態が特徴的。

▶ヨーロッパ諸外国のバロック建築

・ボッロミーニの幻想的な作風は、ドイツやスペインに強い影響を与えた。ドイツバロックは「空間の流動性」、スペインバロックは「過剰な装飾性」に特徴がある。

　　　　ドイツバロック代表例　　**フィアツェーンハイリゲン聖堂**

　　　　スペインバロック代表例　　**トランスパレンテ**（トレド大聖堂内部）

・イタリア的な曲面を多用するバロックは、建築レベルでは、イギリス、フランスにはあまり影響を与えなかった。これらの国では、古典的なスタイルが尊重され続けた。

　　　　ただし、フランスにおいては室内装飾としてボッロミーニ的バロックの影響を受け、**ロココ様式**が成立した。

　　　　フランス　　古典主義建築としての**ヴェルサイユ宮殿**（「鏡の間」は特に有名）

　　　　　　　　　　ロココ様式の代表例　　**オテル・ド・スービーズ**

　　　　イギリス　**セントポール大聖堂**が数少ないバロックの代表例

より深く！

ロココ様式

フランスには、本来の意味でのバロックは、影響を与えなかった。ルイ14世は、ベルニーニによる力動的な曲面壁に特徴のあるルーブル宮東面のデザイン案を採用しなかった。建築レベルでは、フランスはバロックを拒否したとも言える。

ただし、室内装飾においては、ボッロミーニ的な幻想性を受け継ぎ、さらに**中国趣味（シノワズリー）**も取り入れつつ、より繊細で優雅な貴族趣味である**ロココ様式**へと発展させた。この様式はこの後、貴族の邸宅の内装デザインの定番としてヨーロッパ全土へと爆発的に広まっていった。

いわゆるロココ建築として、ドイツの**サンスーシ宮殿**が有名である。さらにドイツバロックの教会堂をロココ建築に含むこともあるが、建築においては、ロココ様式は後期バロック建築として扱われることが多い。

バロック建築の代表作品

サン・ピエトロ広場の正面に設けられた楕円形の広場。
4列の列柱で囲まれた力強い構成。

サン・ピエトロ広場 10)

透視図法を活用して増幅された遠近感。実際以上の奥行を感じさせる。

ねじり柱による動的な上昇感の表現。

バルダッキーノの下は、教皇がミサや説教を行う最も重要な場所である。

バルダッキーノ 11)

スカラ・レジア 12)

外観は、凹凸を繰り返す曲面壁を用いた力動的な雰囲気

正八角形、正六角形、ギリシャ十字を組み合わせて埋め尽くされた楕円形のドーム天井。ボッロミーニらしい幻想性の表現。

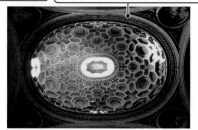

サン・カルロ・アッレ・クワトロ・フォンターネ聖堂 13)

頂部の螺旋形態は、独特な上昇感を生み出している

中庭の凹面と、聖堂の凸面が一体化する正面ファサード。

サン・ティーヴォ・アッラ・サピエンツァ聖堂

ヨーロッパ諸外国のバロック建築およびロココ様式

入り口から見ると、中央と東奥の2つの聖なるゾーンが重なり合って見える。

フィアツェーンハイリゲン聖堂　J.B.ノイマン　18世紀中頃

14聖人を祭る中央の部分と奥の祭壇の2つの聖なるゾーンに向かって緩急をつけながら引き込んでいく。ドイツバロックらしい空間の流動性の表現。

14)

15)

上部からは光が差し込み、光と影の効果で装飾性を際立たせる。

祭壇の背後の壁に、所狭しと数々の彫刻が並ぶ。

トランスパレンテは、トレド大聖堂内の祭壇背後の壁面である。

トランスパレンテ 16)

室内のいたる所に繊細で煌びやかな金色の装飾が施されている。

部屋全体は楕円形のサロン。

鏡により、装飾性を増幅させる。アマリエンブルクもロココ様式の代表例として有名。

オテル・ド・スービーズ　G.ボフラン　18世紀前半 17)

鏡を多用した長い廊下。時代的にはバロックであるが、フランスでは古典主義的な造形が続く。

歴史上の数々の舞台ともなったヴェルサイユ宮殿内の最も有名な場所。

鏡の間（ヴェルサイユ宮殿）18)

1-9 新古典主義建築

もっと知りたい！

▌ 学びのポイント ▌

18世紀後半、フランス革命などの市民革命により、市民中心の社会が形成されていく。また、ニュートンに代表される科学の発展や考古学の発展もこの時代の特徴である。このような時代背景の下で、再度、古代建築が理想とされ復活を果たす。

1 新古典主義（ネオクラシシズム）の時代背景およびその影響を受けた価値観について理解しておこう。
2 新古典主義建築の建築的特質について学ぼう。
3 エトワールの凱旋門やアルテス・ムゼウムなどの新古典主義建築の代表的作品について学ぼう。

▶新古典主義建築の特質

・市民革命を経て成立した市民中心の社会。この時代の特徴として、「自由平等」「科学的視点」「合理性」「啓蒙主義」などをあげることができる。

・このような時代背景と価値観は、ルネサンス時代のそれに近いものと言える。建築においては、まさに、ルネサンスと同じ構図が再現される。つまり、古代ギリシャ建築、古代ローマ建築の復活である。（考古学的成果により、特に古代ギリシャに優位性が与えられた）
これを新古典主義建築（ネオクラシシズム建築）という。

・考古学が進歩したこともあり、ルネサンス時代よりも、より忠実に古代建築を再現した建築作品が登場した。

▶新古典主義建築の代表作品

1 **サント・ジュヌヴィエーヴ教会** J.G.スフロ 1790
古典建築の理念に基づくとともに、ゴシックの構造原理を援用している。ギリシャ十字の平面、コリント式オーダーによる古代ギリシャ神殿の正面、テンピエットに酷似したドームなどが特徴。

2 **エトワールの凱旋門** F.シャルグラン 1836
ナポレオン1世の勝利を記念してカルーゼルの凱旋門とともに建設された。ナポレオンを古代ローマの皇帝になぞらえ、古代ローマ建築の凱旋門の様式を採用した。

3 **アルテス・ムゼウム** K.F.シンケル 1828
ドイツにおける新古典主義建築最大の巨匠シンケルの作品。端正かつ堂々とした外観。正面は古代ギリシャのアゴラに建つストア（多目的建築物）がモチーフと言われ、イオニア式列柱が建ち並ぶ。中央には、古代ローマのパンテオンを彷彿とさせるドームがある。

より深く！

幻視の建築家（ヴィジオネール）

新古典主義の建築家の多くは、古代建築の復活に重きを置いたが、一部の建築家たちは、そのことに満足せず、古代ローマ建築に特徴的であった幾何学性の徹底的追求を目指した。元来、建築は重力や敷地の影響を受け、機能性を満たすべきものであるため、幾何学的純粋性のみで成立しないが、彼らは現実に建てることを諦めることと引き換えに壮大で美しい形態の建築を紙上で数多く提案した。「幻視の建築家」「革命建築家」などと呼ばれるが、E.L.ブーレー、C.N.ルドゥーなどが有名である。

新古典主義の理想

「原始の小屋」[1]
M.ロージェ 1753

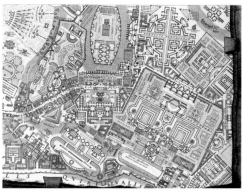

「イコノグラフィア（古代ローマのカンプス・マルティウス」[2]
G.B.ピラネージ　1762

ロージェは、柱、梁、切妻屋根からなる建築が最も根源的かつ合理的だとし、これに合致する古代ギリシャ建築こそが理想であるとした。

一方、ピラネージは、古代ローマこそが理想であるとした。左の作品では、彼が理想とする古代ローマ建築で補完した空想のローマ地図を作り上げた。

新古典主義建築の代表作品

> 古代ギリシャの神殿のモチーフ。

> テンピエットの強い影響を受けたドーム。

> 現在は「パンテオン」と呼ばれ、フランスの偉人を祀る霊廟であるが、もとは教会堂として建設された。

サント・ジュヌヴィエーヴ教会 [3]

> 古代ローマの凱旋門と同じ形式。

> 名称の由来は、上空から見たときに凱旋門を中心に放射状に伸びる道路が星（エトワール）のように見えることによる。

エトワールの凱旋門 [4]

> イオニア式の列柱が建ち並ぶ堂々とした正面構成。

> 古代ギリシャのストア（多目的建築物）の形式。

アルテス・ムゼウム [5]

> 中央ホールは古代ローマのパンテオンを再現。

[6]

> パルテノン神殿を手本とする。

> ヴァルハラは、ドイツの著名人たちを祀る殿堂であり、北欧神話における主神オーディンの宮殿に由来する。

ヴァルハラ [7]　L.v.クレンツェ　1842

> 巨大な球体の内部では、外部世界と昼夜を逆転させることがもくろまれている。

> 圧倒的なスケールと純粋な幾何学形態での建設は不可能であることを承知の上での提案。

ニュートン記念堂計画案 [8]　E.L.ブーレー　1785

もっと知りたい！

学びのポイント

19世紀以降、古代ギリシャ・古代ローマ以外の建築様式も次々と復活するようになった。また、ヨーロッパ以外の建築様式を用いたり、複数の様式を混用することも行われるようになった。これは、西洋建築衰退への象徴的プロセスである。

1 過去の様式を復活させた歴史主義建築の種類と代表作品について学ぼう。
2 複数の様式を組み合わせて用いる折衷主義建築の代表作品について学ぼう。
3 西洋建築はどのようにして衰退していったのか、その過程を理解しよう。

▶歴史主義建築の特質

・ロマン主義の流行もあり、理想とされる建築様式の相対化が起こった。この結果、古代ギリシャ・古代ローマ以外のあらゆる建築様式も復活するようになった。これを「歴史主義建築」と呼ぶ。
（復古主義（リヴァイヴァリズム）建築と呼ばれることもある。）

①**ゴシックリヴァイヴァル**	イギリスを中心に展開。**ネオゴシック**とも呼ばれる。	
②**ネオバロック**	フランスを中心に展開。フランスでは**スゴンタンピール（第二帝政式）**と呼ばれる。	
③**ネオルネサンス**	パラッツォ形式の採用に特徴がある。	

・代表作品

イギリス国会議事堂	ゴシックリヴァイヴァルの代表的事例
パリオペラ座	ネオバロックの代表的事例

▶折衷主義建築の特質

・ヨーロッパ以外のイスラム様式・中国様式など他国・他地域の様式を含めて複数の様式を自由に組み合わせることまで行われるようになった。このような建築は「折衷主義建築」と呼ばれる。
・歴史主義建築も含めたこのような現象は、西洋建築が次の時代を担う確固たる建築様式を生み出すことができなくなったことによる様式の濫用であり、同時に全く新しいタイプの建築（近代建築）の登場の影響も受けつつ、このような過程を経て西洋建築は衰退していった。

・代表作品

ロイヤルパビリオン	インドイスラム様式、中国様式を採用した王室の離宮。
ノイシュヴァンシュタイン城	ロマネスク、ゴシックをベースに様々な様式が混在。

より深く！

ピクチャレスク
理性的で厳格な新古典主義建築に対する反発もあって、18世紀後期から「**ピクチャレスク**」と呼ばれる概念が登場した。ピクチャレスクは当時流行したロマン主義運動とも連動した。元来、「絵のように趣のある」という意味であり、絵画から庭園、建築に表現された。特定の建築様式を指す言葉ではないが、不規則性、想像性、多様性などの特徴を有し、過去や、異国への憧れも強く、ゴシックリバイバルなどの歴史主義建築や折衷主義建築などに典型的に表れた。

歴史主義・折衷主義建築の代表作品

正式名称はウェストミンスター宮殿。1834年の大火災の後に建設。

全体構成や平面計画は古典的であるが、細部意匠は分節化されたすべての要素が著しい垂直性を示し、ゴシック的である。

パリの都市改造計画に合わせて建設された。ナポレオン3世の好みに合わせたスゴンタンピール（ネオバロック）を採用。

階段室は象徴的で堂々とした大階段と、煌びやかな装飾で埋め尽くされている。

ビッグベンと呼ばれる時計塔。

イギリス国会議事堂 [1]
C.バリー、A.W.N.ピュージン　1868

パリオペラ座（ガルニエ宮） [2]
C.ガルニエ　1874

ジョージ4世が摂政皇太子時代に、海辺の別荘として建てた離宮。

インドイスラム様式に典型的なドーム、モスクに建てられる尖塔（ミナレット）、多葉アーチなどのデザインが見られる。

バイエルン王ルードヴィッヒ2世の中世への憧れを具現化。

外観からネオロマネスク様式とされることもあるが、ゴシック、ルネサンスなど多様な様式が混ざっている。

ロイヤルパビリオン（ブライトン離宮） [3]
J.ナッシュ　1821

インテリアは中国様式。

ノイシュヴァンシュタイン城 [4]
19世紀後期

2015年、世界遺産暫定リストに登録。

ピクチャレスク

ピクチャレスクの源泉となった古代の理想郷（**アルカディア**）の世界。

このような風景を再現する庭園形式として**イギリス風景式庭園**も成立する。

マリー・アントワネットのためにヴェルサイユ宮殿の一画に作られた田舎風の建築風景。

イギリスの貴族子弟が行う**グランドツアー**の価値観にも影響。

エジプト逃避途上の休息をともなう風景 [5]
C.ロラン　1661

C.ロランやN.プサンの絵画が代表的。

プチ・トリアノン・アモー [6]　1786

フランスにおけるピクチャレスクの早い時期の事例。

▶ルネサンス建築について

① ルネサンスを代表する4人の建築家の名前を答えよ。

② ルネサンスが手本とした時代を答えよ。

③ あらゆる分野に超一流の才能を発揮する人物の呼称。

④ ルネサンスに多く建てられた貴族の邸宅の名称を答えよ。

⑤ イタリア・ローマにあるルネサンス建築の代表事例を答えよ。（図1）

⑥ ルネサンス末期に流行した様式を答えよ。

図1　　　　　　　　1)

▶バロック建築について

① バロックを代表する2大巨匠の名前を答えよ。

② バロック建築に特徴的な建築要素を答えよ。

③ イタリア・ローマにあるキリスト教の総本山の教会名称を答えよ。（図2）

④ イタリア・ローマにあるバロック建築の代表事例を答えよ。（図3）

⑤ イタリアバロックの影響を大きく受けた国を挙げよ。

⑥ バロックの影響を受けて成立した優雅で繊細な装飾様式を答えよ。

図2

▶新古典主義建築について

① 18世紀後半、再度、古代世界を理想とした様式名称を答えよ。

② この時代の価値観を表す言葉をいくつか挙げよ。

③ 新古典主義建築の代表例をいくつか挙げよ。

④ 幾何学的純粋性を追求した一群の建築家の名称を答えよ。

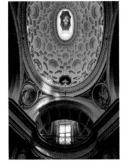

図3　　　　　　　　2)

▶歴史主義・折衷主義建築について

① 古典主義以外のあらゆる建築様式が復活した様式名称を答えよ。

② 異国の様式や複数の様式を混在させた様式名称を答えよ。

③ 歴史主義建築の代表例をいくつか挙げよ。

④ 折衷主義建築の代表例をいくつか挙げよ。

解答

▶**ルネサンス建築について**
①F.ブルネレスキ、L.B.アルベルティ、D.ブラマンテ、A.パラディオ　②古代ギリシャ、古代ローマ　③万能の天才　④パラッツォ　⑤テンピエット
⑥マニエリスム
▶**バロック建築について**
①G.L.ベルニーニ、F.ボッロミーニ　②曲面、楕円、螺旋など　③サン・ピエトロ大聖堂　④サン・カルロ・アッレ・クワトロ・フォンターネ聖堂　⑤ドイツ、
スペイン　⑥ロココ
▶**新古典主義建築について**
①新古典主義（ネオクラシシズム）　②自由平等、科学的視点、合理性、啓蒙主義など　③サント・ジュヌヴィエーヴ教会、エトアールの凱旋門、アルテス・
ムゼウムなど　④幻視の建築家（ヴィジオネール）
▶**歴史主義・折衷主義建築について**
①歴史主義建築　②折衷主義建築　③イギリス国会議事堂、パリオペラ座など　④ロイヤルパビリオン、ノイシュバンシュタイン城など

発展学習 ❸ 西洋の庭園

1 イタリアルネサンス式庭園

- ・14世紀から16世紀にかけて主にイタリア郊外の別荘（ヴィラ）で発達した庭園であり、丘の中腹などの傾斜地に造られることが多い。
- ・多様な水の演出、庭園からの眺めを楽しむ等の特徴がある。
- ・高低差を利用して、**カスケード**や**仕掛け噴水**など水の演出が多彩である。

イタリアルネサンス式庭園の代表事例

エステ荘庭園 [1]

2 フランスバロック式庭園

- ・17世紀のフランスで発達した幾何学式庭園であり、18世紀にかけてヨーロッパ諸国に同形式の庭園が造られた。
- ・平坦で広大な敷地に建物中央から伸びる軸線（ヴィスタ）を設定し、これを中心軸として奥行と広がりが強調されるように左右対称に構成された。
- ・この結果生まれた壮大な見晴らしは、権力者たちにとって、支配する世界の広さを示す証であった。
- ・庭園内の幾何学的な構成は、池の配置や植栽などにも及んだ。
- ・植栽の**人工的整形（トピアリー）**、**刺繍花壇（パルテール）**などが特徴的。

フランスバロック式庭園の代表事例

ヴェルサイユ宮殿庭園 [2]

3 イギリス風景式庭園

- ・18世紀のイギリスで発展した庭園の形式。自然式庭園とも呼ばれる。
- ・17世紀フランスに代表される整形庭園の幾何学的な構成に対する反動として生まれ、非対称や曲線を積極的に用い、理想の風景をつくり出そうとした。
- ・イギリス貴族の間で流行したクロード・ロランやニコラ・プッサンなどによる地中海風景や古代風建築を描いた絵画が影響したとされる。
- ・神話世界の理想郷（**アルカディア**）のような風景が目指された。
- ・古代の小建築物や橋、時には**人工的な廃墟**が点景として添えられた。

イギリス風景式庭園の代表事例

ストウヘッド庭園 [3]

4 イスラム式庭園

- ・イスラム文化圏に展開した庭園の総称。起源は中東・ペルシアにある。
- ・砂漠の多い暑く乾燥した厳しい自然環境のなかで、園内に引き込まれた水と色鮮やかな花々、樹木による木陰は、庭園内に涼しさを演出した。
- ・コーラン（クルアーン）に記述のある、敬虔な信者が死後招かれる天上の楽園の雛型として特別の意味をもった。
- ・水を引き込み、直線的な水路を巡らせ、要所には水盤や噴水が配される。
- ・全体は、水路や園路により4分割された構成（**チャハール・バーグ**）を基本とする。（後、六角形や星型などの構成も現れる）
- ・対称性が強く幾何学的模様が多用される。

イスラム式庭園の代表事例

ヘネラリフェ・アセキアの中庭 [4]
アルハンブラ宮殿獅子の中庭（p. 29）も代表的事例である

〈問題〉空欄に当てはまる言葉を答えよ。

　古代ギリシャ建築は、「西洋建築の原点である」としばしば言われる。それは、歴史上初めて「建築における美」についての理論を体系付けたからである。そのひとつは（　　①　　）と呼ばれる柱の形式であり、ギリシャ建築の代表例である神殿建築で大々的に使用された。また、「美の量的原理」である（　　②　　）は、神殿設計における中心となる特に重要な考え方である。実際の建築物の建設では、これに「美の質的原理」である（　　③　　）による補正が加わり、より人間の視覚に忠実に「建築における美」が達成された。
　古代ローマ建築は、広大なローマ帝国の絶大な「権力と栄光」を、建築物において表現することとなった。闘技場、凱旋門などの新しいタイプの建築物が出現するとともに、（　　④　　）構造を駆使してこれまで不可能であった巨大な内部空間を作り上げた。彼らは広大なローマ帝国を支配するため都市計画においても、さらには水道橋や街道などの土木建造物においても優秀な能力を発揮した。

　中世はキリスト教世界であり、キリスト教の教会堂が主たる建築物として登場し発展していく。教会建築の起源には、二つの形式がある。その一つは、（　　⑤　　）式教会堂と呼ばれる多人数を収容することが可能で、ミサに適した（　　⑥　　）的な教会堂である。平面は（　　⑦　　）形で、東へと向かう方向性が（　　⑧　　）として表現された。もう一つの形式は（　　⑨　　）式教会堂と呼ばれるもので、一般に（　　⑩　　）形の平面を持ち、形態的にはミサにはあまり適さないが、明確な中心性とドームの上昇性により、天上の神の世界、キリスト教の聖性が（　　⑪　　）的に暗示される。これら二つの形式が出発点となり、キリスト教の教会堂はこの後発展していく。　東ヨーロッパではこの後**ビザンティン建築**が展開したが、教会堂は、集中式教会堂の特徴を受け継ぎ、特に四角形平面にいかにして円形平面のドームをのせるかということで、（　　⑫　　）と呼ばれる画期的なドームの架構法を完成させた。
　一方、西ヨーロッパではバシリカ式教会堂を基調とした、ロマネスク様式とゴシック様式の教会堂が展開した。**ロマネスクの教会堂**では（　　⑬　　）が導入されたが、その重量の結果、壁は厚く、天井高は（　　⑭　　）、内部は薄暗い雰囲気となった。しかしながら、石の素材感を生かしつつ、限られた光を最大限生かして崇高な内部空間を現出した。**ゴシックの教会堂**ではこの問題が構造的な様々な工夫により克服され、天井高は飛躍的に（　　⑮　　）なり、（　　⑯　　）を透過した色鮮やかなあふれる光で満たされた内部空間が達成された。

　ルネサンスになると、中世の神やキリスト教に代わり、人間こそが世界の中心として人々に認識される。**ルネサンス建築**においては、人間中心の社会がすでに達成されていた（　　⑰　　）が手本とされた。同時に透視図法などの科学的なものの見方が導入された。さらに建築家個人の作家性が生まれ、ブルネレスキ、アルベルティ、ブラマンテ、パラディオなどがルネサンス時代の建築家として有名である。
　ルネサンスの末期には、（　　⑱　　）と呼ばれる、ルネサンスの調和と均整を意図的に逸脱するような様式が流行した。
　バロック建築は、プロテスタントの宗教改革に対するカトリックの対抗（反）宗教改革運動として始まった。これまでとは違った形でキリスト教の「栄光と力」を建築で表現することが求められた。バロック最大の巨匠ベルニーニは（　　⑲　　）なバロック空間を完成させた。同時にボッロミーニはベルニーニと同様の建築要素を使いながらも、（　　⑳　　）なバロック空間を完成させた。ドイツやスペインには（　　㉑　　）のバロックが影響を与えたが、フランスやイギリスにはバロック建築そのものがあまり影響を与えなかった。
　18世紀中頃から19世紀初頭にかけては、**新古典主義建築**が隆盛する。市民革命を経て達成された自由平等な市民社会、あるいは客観性、合理性、科学的視点が重視される世の中を反映し、古典古代の建築が再度理想とされた。これは（　　㉒　　）建築でおこったことの再現である。古典建築を忠実に模倣した建築物が数多く現れたが、一部ではより単純で純粋な幾何学形態を追求した建築物の提案も行われた。
　歴史主義建築、折衷主義建築では、古代ギリシャ、古代ローマ建築だけでなく、（　　㉓　　）や（　　㉔　　）のように他の様々な過去の様式や、さらには異国の様式がモデルとなるとともに、これらが混交されることもあった。このように西洋建築は、すでに確固たる新しい様式を生み出す力もなく、同時に世の中の近代化により生活スタイルが変化し、また、新たな建築材料が登場してきたことなどにより、その歴史は終焉に向かう。

西洋建築史総合復習 2 主要建築物を復習しよう

〈問題〉①〜⑫の代表的な西洋建築の名称を答えるとともに、関連事項を下の語群から選択せよ。

① 1)

② 2)

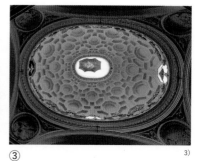
③ 3)

④ 4)

⑤ 5)

⑥ 6)

⑦ 7)

⑧ 8)

⑨ 9)

⑩ 10)

⑪ 11)

⑫ 12)

関連事項語群

a. ゴシックリバイバル　b.ペンデンティブドーム　c.オーダーの使い分け　d.バロックの幻想性

e.清貧の思想　f.黄金比　g.完全なる対称性　h.古典古代の再復活　i.ルネサンスの変容

j.光の演出と幾何学的完結性　k.反宗教改革運動　l.垂直性とステンドグラス

西洋建築史総合復習 **3** 建築士試験レベルの問題に挑戦しよう

> **ひとことポイント**
>
> これまでに学習した知識をもとに、建築士試験の建築史に関する問題にチャレンジしてみよう。
> 若干建築物の名称が異なっていたり、学習していない事項にも触れられていますが、十分対応できるはずです。

〈問題〉次の正誤を判断せよ。（09を除く）

【二級建築士レベル】

01. パルテノン神殿は、ドリス式のオーダーによる周柱式と、細部にイオニア式の要素を用いたギリシア建築である。

02. ミラノ大聖堂は、多数の小尖塔のある外観を特徴とした、ルネサンス建築の代表的な建築物である。

03. パンテオン（ローマ）は、れんが及びコンクリートにより造られた大ドームを特徴とした、ロマネスク建築である。

04. フィレンツェ大聖堂は、頂部へと尖った二重殻の大ドームを特徴としたバロック建築である。

05. ハギア・ソフィア大聖堂は、ペンデンティヴドームを用いた大空間を特徴としたビザンチン建築である。

06. サン・ピエトロ大聖堂は、側廊の控壁をつなぐフライングバットレスや双塔形式の正面を特徴とした初期ゴシック建築である。

07. コロッセウム（ローマ）は、ローマ市内に残る古代最古の円形闘技場であり、ドリス式、イオニア式及びコリント式のオーダーを用いたローマ建築である。

08. ピサ大聖堂は、ラテン十字形のプランをもち、交差部に楕円形のドームを架けたロマネスク建築である。

09. 建設年代の古い順に並べよ。

    A. ノートルダム大聖堂（ゴシック建築・パリ）

    B. 大英博物館（ネオクラシシズム建築・ロンドン）

    C. サン・ピエトロ大聖堂（バロック建築・バチカン）

    D. フィレンツェ大聖堂（ルネサンス建築・フィレンツェ）

    E. ハギア・ソフィア（ビザンチン建築・イスタンブール）

【一級建築士レベル】

10. サン・ピエトロ大聖堂は、身廊部と袖廊部がともに三廊式であり、内陣には周歩廊と放射状に並ぶ複数の祭室とをもつゴシック建築である。

11. サン・カルロ・アッレ・クァットロ・フォンターネ聖堂は、楕円形のドームと、凹凸の湾曲面や曲線が使用されたファサードをもつバロック建築である。

12. ハギア・ソフィア大聖堂は、バシリカ形式とドーム集中形式とを融合させた平面をもち、巨大なドーム構造によって内部に広大な空間を作り出したビザンチン様式の建築物である。

13. ピサ大聖堂は、世界最大級の石積ドームをもち、外装はピンクや緑の大理石により幾何学模様で装飾され、クーポラとランターンは初期ルネサンス様式、ファサードはネオ・ゴシック様式の建築物である。

14. ヴォルムス大聖堂は、東西両端にアプスを対置させた二重内陣と身廊の両側に側廊を設けたバシリカ形式で構成され、東西の内陣と交差部とに六つの塔をもつロマネスク様式の建築物である。

15. アルハンブラ宮殿（グラナダ）は、イスラム式の宮殿建築で、複数の中庭、アーケード、塔等がある。

16. アーヘンの宮廷礼拝堂（ドイツ）は、平面が八角形の身廊とそれを囲む十六角形の周歩廊があり、身廊の上部にはドーム状のヴォールトをもつ集中式の建築物である。

17. コルドバの大モスク（スペイン）は、紅白縞文様の2段のアーチを伴って林立する柱による内部空間をもち、現在はキリスト教文化とイスラム教文化とが混在している建築物である。

全体を眺めてみよう!

		Sレベル	Aレベル	Bレベル
1900	初期近代建築	クリスタルパレス エッフェル塔		コールブルックデール橋 機械館 ガレリア
	アーツ・アンド・ クラフツ運動		赤い家	
	アール・ヌーヴォー	タッセル邸	パリ地下鉄入口	
1910	アール・ヌーヴォーの展開 　グラスゴー派 　モデルニスモ 　ゼセッション	サグラダファミリア聖堂	ヒルハウス ウィーン郵便貯金局 ゼセッション館 シュタイナー邸	グラスゴー美術学校 カサ・バトリョ カサ・ミラ グエル公園 カールスプラッツ駅 マジョリカハウス ロースハウス
	前衛の運動 　デ・スティル 　ロシア構成主義	シュレーダー邸 第3インターナショナル記念塔	雲の支柱	ルサコフクラブ ズーエフクラブ 労働宮殿コンペ案 重工業省コンペ案
1920	近代建築の完成 　ドイツ工作連盟 　バウハウス （便宜上、表現主義を含む）	デッサウバウハウス校舎	AEGガスタービン工場 ファグス靴工場 アインシュタイン塔	ガラスのパビリオン ドイツ工作連盟展 モデル工場
	三巨匠 　フランク・ロイド・ライト 　ル・コルビュジエ 　ミース・ファン・デル・ローエ	落水荘 サヴォア邸 ファンズワース邸	ロビー邸 グッゲンハイム美術館 ユニテ・ダビタシオン ロンシャンの教会 バルセロナパビリオン	帝国ホテル ジョンソンワックス本社 ラトゥーレットの修道院 トゥーゲントハット邸 レイクショアドライブアパート イリノイ工科大学クラウンホール シーグラムビル
	近代建築の成熟と変容 　アルヴァ・アアルト 　ルイス・カーン		パイミオのサナトリウム キンベル美術館	ヴィープリの図書館 旧サウナッツァロの村役場 ソーク生物化学研究所 バングラデシュ国会議事堂
	現代建築	シドニーオペラハウス	母の家 ポンピドゥーセンター	

もっと知りたい!

学びのポイント

19世紀後半、それまでとは全く異なるタイプの建築が登場する。それは、石やレンガではなく、機械生産を前提とした新しい材料による建築であった。近代建築の幕開けである。
- 1 ヨーロッパの伝統的な様式建築とは異なる近代建築の建築的特質を理解しよう。
- 2 クリスタルパレスやエッフェル塔などの初期近代建築の代表作品の特徴を学ぼう。

▶初期近代建築の特質

イギリスの産業革命により、ヨーロッパは、それまでの農業中心の社会から工業中心の社会へと変化した。
- ・建築の新たな主材料の登場
  - 「鉄」「ガラス」「コンクリート」
    - 従来の手作業ではなく、工場の機械による大量生産が可能となり、「安価に」手に入り、また、容易に「規格化」できるようになったことが原因。
- ・新材料が積極的に採用された建造物
  - 「工場」「駅舎」「橋」など
    - 「鉄」は、大スパン（柱と柱の間の距離）を必要とする建築物に適した素材。
  - 「温室」「百貨店」
    - 「ガラス」は、窓を大きく取ったり、吹き抜け上部にトップライトを設けたり、多量の採光を必要とする建築物に適した素材。
- ・当初は、芸術的な建築というよりも、工学的な建造物という扱いが主流であった。
  - しかしながら、このような中にも、時代をリードする素晴らしい作品が徐々に生み出され、建築として受け入れられていった。

▶初期近代建築の代表作品

1 クリスタルパレス　J.パクストン　1851
- ・第1回ロンドン万博におけるホスト国イギリスが威信をかけて建てたメインパビリオン。
- ・部材を工場で生産するプレファブリケーション工法により、巨大建築をたった9ヶ月で建設。
- ・まるで外部にいるかのような、ガラスに囲まれた内部空間は、全く新しい空間体験を提供した。

2 エッフェル塔　G.エッフェル　1889
- ・フランス革命100周年を記念したパリ万博のメインパビリオン。人類初の300メートル越えを実現した。
- ・活発な建設反対運動があったが、鉄という金属による軽さと繊細さの表現は「まるでレースのよう」と称えられた。
- ・塔の上からパリの街を一望する眺めは、都市の新しい空間体験であった。

3 セント・パンクラス駅　1868
- ・プラットフォーム部分は建設当時世界最大のスパン（約74m）を誇った巨大駅舎。

4 コールブルックデール橋　1779
- ・現存する世界最古の鉄製の橋であり、産業革命の象徴的作品。全長約60m、スパン約30m。

初期近代建築の代表作品

徹底的に規格化された部材は、工場で大量生産され、現場で組み立てられた。この結果、異例の速さで建設された。

ガラスで囲まれた明るい内部空間。樹木が植えられ、池も設けられ、さながら外部空間の雰囲気。

会期終了後シドナムに移築されたが、後年火災により焼失した。

クリスタルパレス [1]

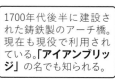

駅舎は、ゴシックリバイバルによる堂々たるデザイン。プラットフォームに鉄製のアーチとガラス屋根が活用された。ヨーロッパでは、次々と同様の駅舎が建設された。

セントパンクラス駅 [4]

エッフェル塔のシルエットは、東京タワーを始め、世界各国の塔のデザインに影響を与えた。

細部の繊細なデザインは、鉄という素材の持つ従来の重たいイメージを、完全に払拭した。

1700年代後半に建設された鋳鉄製のアーチ橋。現在も現役で利用されている。**アイアンブリッジ**の名でも知られる。

エッフェル塔 [3]

コールブルックデール橋 [5]

より深く！

パサージュ

パリの街中には、ガラス屋根のかかった路地空間が多数存在する。「パサージュ」と呼ばれる鉄とガラスという新素材を、建築を越えて都市空間に活用した事例である。柔らかい光に満たされた心地よい街路空間には、洒落たカフェやショップが軒を連ねる。雨の日でも濡れずに歩けるこの空間は人気を博しヨーロッパ中に広まった。「街中をぶらぶら歩く」楽しみが生まれ、「ウィンドーショッピング」という新たな都市体験を提供した。

パサージュ・デュ・グラン・セール

ガレリア（イタリア・ミラノ） [6]

2-2　アーツ・アンド・クラフツ運動

■ 学びのポイント ■

鉄やガラスを用いた新しいタイプの建築が登場する中、早急な機械化は危険であるとし、手仕事の良さを見直す動きも起こった。

1. アーツ・アンド・クラフツ運動の思想的な背景について理解しよう。
2. アーツ・アンド・クラフツ運動における建築の主要作品である赤い家の特徴を学ぼう。
3. この後の近代建築運動に対してアーツ・アンド・クラフツ運動が与えた影響についても整理しよう。

▶思想的背景

- 機械生産の導入に対して、異を唱える動きもあった。行き過ぎた機械化は、人間の労働価値の低下を招き、世の中に粗悪品を横行させることになると考えた。
- W.モリスによって主導されたこの運動を、**アーツ・アンド・クラフツ運動**と呼ぶ。
- 彼らが手本としたのは、中世の手作りによるものづくりとその生産システムであった。
- 「人間は、いわゆる芸術作品（大芸術）ではなく、人間の手により心を込めて正しく作られた工芸品（小芸術）に囲まれて暮らすべきである」と考えた。
- 産業革命によりもたらされたさまざまな社会の歪みを健全化しようという社会改革運動の側面も持つ。
- モリスが商会を設立し手がけた壁紙やステンドグラスなどの手作りによる製品は人気を博したが、結果的には需要に供給が追いつかず値上がりし、庶民の手が届かないものとなってしまった。

▶アーツ・アンド・クラフツ運動の代表作品

1. **赤い家**　W.モリス、　P.ウェッブ　1860

- W.モリスの自邸。昔ながらの赤レンガを主材料とした、機械化時代の真逆を行く作品。
- モリス夫妻は、少しずつ楽しみながら、まさに手作りでこの住宅を建てた。アーツ・アンド・クラフツ運動の理念を建築において実践した作品である。

▶アーツ・アンド・クラフツ運動の影響

モリスのものづくりに対する考え方は、この後も多方面に影響を与え、これ以降の近代建築運動の展開の中で重要な役割を果たすこととなる。以下のような影響があった。

- 二次元的平面作品を中心としてアール・ヌーヴォーにはデザインモチーフとして直接的な影響を与えた。
- グラスゴー派のマッキントッシュは、アーツ・アンド・クラフツ運動の理念からスタートし、伝統的な様式の尊重も踏まえた上で独自のスタイルに辿り着いた。
- イギリス国内で当時盛んとなっていた郊外住宅地の開発において、郊外は中世的な理想の田園生活の場として認識され、伝統的要素を組み合わせたピクチャレスクな建築が多数建てられた。
- ドイツにおいて成立したドイツ工作連盟は、デザインは生活と密接に関わるべきであるというアーツ・アンド・クラフツ運動の理念を受け継ぎつつ、機械化の可能性を積極的に取り入れた運動である。
  また、バウハウスの初期の活動における手工業の重視もアーツ・アンド・クラフツ運動をベースとしている。

アーツ・アンド・クラフツ運動の代表作品

W.モリス　1834-96 [1]

壁紙「いちご泥棒」[2]

現在でも定番のデザインの一つ。壁紙は、モリス商会の主力商品であった。

ケルムスコットプレスによる装幀 [3]

ケルムスコットプレスは理想の書物の作成を目指してモリスが創設した出版社。
モリスによるフォントおよび装幀と、E.B.ジョーンズによる木版の挿絵。

赤い家　W.モリス、P.ウェッブ　1960 [4]

モリスと妻J.バーデンのための新居。赤タイルの屋根、赤煉瓦の壁から「赤い家」の名が付いた。

[5]

[6]

壁紙などの室内装飾、家具、暖炉など、すべて手作り。

より深く！

J.ラスキン（1819-1900）

W.モリスに多大な影響を与えた美術評論家。ゴシック美術を再評価し、中世の建築と労働に理想を求め、社会変革を志した。また、絵画では後に第二世代としてモリスも参加することとなる**ラファエル前派**を支持した。文化財保護運動、**ナショナル・トラスト**の創設などにも関わった。

古建築保護協会

詩人、画家、デザイナー、社会活動家であり、商品販売会社、出版社も設立するなど多彩な活動を展開したW.モリスであるが、重要な功績の一つに建築保護活動がある。彼が設立した古建築保護協会（1877）は、中世の教会堂に対して当時行われていた歴史性を顧みない修復を批判し、オリジナルの姿を尊重することを主張した。現在当たり前に行われる調査に基づく復元を原則とする修復工事、ひいては建築保存のあり方のベースを作った活動であった。

民藝運動

アーツ・アンド・クラフツ運動はヨーロッパを中心として世界各国に広範な影響を与えたが、日本では、**柳宗悦**（やなぎむねよし）が主導した民藝運動がある。ありふれた日用品に見られる無駄のない「用の美」に注目し、積極的に紹介した。
どちらかというと「創意工夫」に重きを置いた W.モリスと、「無心」を重視した柳宗悦には、美に対する感覚の違いがあるが、芸術家ではなく職人の手仕事による美、民衆の生活のための美に注目した点では共通している。

柳宗悦　1889-1961 [7]

2-3　アール・ヌーヴォー

もっと知りたい！

学びのポイント

早急な機械化に警鐘を鳴らし、手作りを推進したアーツ・アンド・クラフツ運動が露呈したのは、図らずも、手作りの限界であり、時代は機械化に向かうということであった。
工場での機械生産を前提とし、なおかつアーツ・アンド・クラフツ運動の精神を継承しつつも、独自の装飾性を有した芸術運動として登場したのがアール・ヌーヴォーである。

1　アール・ヌーヴォー芸術およびアール・ヌーヴォー建築の特質について理解しよう。
2　タッセル邸やパリ地下鉄出入口などのアール・ヌーヴォー建築の主要作品とその特徴について学ぼう。
3　アール・ヌーヴォーは他国にどのような影響を与えたのか整理しよう。

▶アール・ヌーヴォーの特質

・機械生産を前提とする。

・過去の様式によらない、全く新しい美しさを目指す。

　　　植物を中心とした、生物全般に見られる曲線的なデザインモチーフを採用。

　　　　「植物のつる・茎」「昆虫」「鳥」「魚」「女性の髪や体」など

・日本文化の影響（ジャポニスム）

　　　浮世絵、工芸品など日本的なモチーフがしばしば取り入れられた。

・1890年代の10年間を中心に、グラフィックデザイン、宝飾品、ガラス製品、家具、建築、ファッションなど、あらゆる分野で爆発的に流行した。しかし、1900年代に入ると急速に衰退していった。

・フランス・ベルギーから始まり、各国で同様の運動、もしくは影響を受けた運動が次々と起こった。

　　　イギリス・スコットランド　　　グラスゴー派

　　　スペイン・カタルーニャ　　　　モデルニスモ

　　　ドイツ　　　　　　　　　　　　**ユーゲント・シュティール（青春様式）**

　　　オーストリア　　　　　　　　　ウィーン・ゼセッション（ウィーン分離派）

　　　イタリア　　　　　　　　　　　**リバティ様式**

　　　（グラスゴー派、モデルニスモ、ウィーン・ゼセッション（ウィーン分離派）については、次節で詳述する）

・グラスゴー派やモデルニスモには、自国の文化的アイデンティティの確立を目指すという側面も存在した。

　　　（このような動きは、北欧や東欧でも盛んであり「ナショナル・ロマンティシズム」と呼ばれる。）

▶アール・ヌーヴォー建築の代表作品

1　**タッセル邸　V.オルタ　1893**

　　・アール・ヌーヴォーを代表する最も有名な典型的作品。

　　・壁、床、天井、柱、階段手摺、照明などあらゆる部分が植物のモチーフで統一されている。

2　**パリ地下鉄出入口　H.ギマール　1900**

　　・工業製品である鉄とガラスを積極的に活用しながら、有機的フォルムを実現。

　　・機械生産のメリットを生かして、地下鉄の駅ごとに量産された。

アール・ヌーヴォーの代表作品

黄道十二宮[1]　A.ミュシャ

A.ミュシャは、チェコ出身のグラフィックデザイナー。この作品では、植物や、女性の長い髪に見られる曲線が、アール・ヌーヴォーの典型的な特徴を示す。

アール・ヌーヴォーを代表するガラス作家としては、**E.ガレ**、宝飾品作家としては、アール・デコの時代まで活躍した**R.ラリック**、ステンドグラス作家としては、**L.C.ティファニー**などがいる。

E.ガレによる花瓶[2]

R.ラリックによる宝飾品（部分）[4]

L.C.ティファニーによるランプ[3]

アール・ヌーヴォー建築の代表作品

タッセル邸[5]

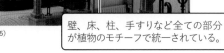

壁、床、柱、手すりなど全ての部分が植物のモチーフで統一されている。

鉄とガラスによる有機的な造形。

文字のデザインもアール・ヌーヴォーを意識。

植物の茎のような柱の細かいデザインも機械生産により量産が可能。

パリ地下鉄出入口[6]

より深く！

ジャポニスム

19世紀後半、万国博覧会の出展などを機に、ヨーロッパで流行した日本趣味のこと。

文化芸術の多方面に影響を与えたが、特に、浮世絵がヨーロッパ絵画に与えた影響は大きい。浮世絵に見られる空間表現は、ヨーロッパの透視図法により描かれる空間とは全く異なるものであり、絵画の構図などに取り入れられた。ゴッホが浮世絵を模写した作品が多数残っている。

家紋や日本の伝統的な紋様、扇子や着物などの物品が描かれた例も数多く見られる。

歌川広重　名所江戸百景「大はしあたけの夕立」

ゴッホ「ジャポネズリー：雨の橋」[7]

学びのポイント

・アール・ヌーヴォー建築は、ヨーロッパ諸国に影響を与えた。
・影響を受けた諸国では、当初はアール・ヌーヴォー的色合いが強かったものの、やがてそれぞれが独自の発展の道を歩んでいく。
・この独自の発展過程こそが、近代建築運動の中で大きな意味を持つこととなる。
　1 グラスゴー派の建築家C.R.マッキントッシュの直線的構成への作風の変化について理解しよう。
　2 モデルニスモの建築家A.ガウディの作品の装飾性と合理性について学ぼう。
　3 ウィーン・ゼセッション（ウィーン分離派）の建築を3人の建築家の作品によって概観しよう。

▶グラスゴー派

・中心人物は、C.R.マッキントッシュ。グラスゴー美術学校の仲間4人で「The Four」を結成し活動を開始。
・アーツ・アンド・クラフツ運動から影響を受けつつ、アール・ヌーヴォー的な独自の曲線を多用した造形からスタートしたが、少しずつ直線的モチーフを混入させ、最終的には直線主体の構成へとたどり着いた。
・このことは、近代建築運動そのものが万人が共有できる普遍的なものへと向かうということを考えると、大きな役割を果たしたと言える。

代表作品

1 **グラスゴー美術学校**　1897-99、1907-09
　・デビュー作品。学んでいた学校の改築に際して行われたコンペ（設計競技）に勝利して実現した作品。
　・第1期工事のアール・ヌーヴォー的な雰囲気から、第2期工事の直線主体の構成へと作風の変化がはっきりとわかる。

2 **ヒルハウス**　1904
　・外観は、スコットランドの民家風。これは、アーツ・アンド・クラフツ運動の影響である。
　・内部のインテリアは、マッキントッシュ特有の白を基調とした独自の世界が確立されている。

▶モデルニスモ

・中心人物はA.ガウディ。モデルニスモは、バルセロナを中心とするカタルーニャ地方で展開したアール・ヌーヴォーの影響を受けた近代建築運動。
・ガウディの建築は、独特で風変わりなデザインと評されることが多いが、イスラム文化の影響を多分に受けたスペインの、過剰なまでの装飾性の伝統を抜きに考えることはできない。
・また、見かけとは裏腹に、驚くほど機能的、合理的に考えられている。

代表作品

1 **グエル公園**　1900-14
　・敷地環境に配慮した自然と一体化したデザイン。
　・土圧を考慮して傾けられた柱や壁、割れタイルを積極的に利用。

2 **カサ・ミラ**　1910
　・大きく凹凸を繰り返す壁面が特徴的。
　・スペイン特有の「パティオ」の伝統を継承した中庭とともに未来を見据えた地下駐車場を設置。

グラスゴー派の代表作品

C.R.マッキントッシュ [1]
1868-1928

グラスゴー美術学校 [2]

実質的なデビュー作。第1期工事で建設されたエントランス周りは、アール・ヌーヴォー的な雰囲気が漂う。

背もたれの高いハイバックチェアにより、テーブルの周りに半個室的空間を演出。

パトロンである実業家クランストン夫人の依頼により多くのティールームのデザインを手がけた。

ウィローティールーム [3]

ヒルハウス [4]

外観はスコットランドの民家風であり、この地域特有のデザインを意図している。

日本文化(ジャポニスム)の影響を受けた「着物」をモチーフとした家具。

[5]

白を基調として、ピンク色のバラのモチーフをアクセントにしたマッキントッシュの典型的なインテリアデザイン。

壁面装飾、ベッド、クローゼット、椅子、照明器具など全てが統一したモチーフでデザインされている。

モデルニスモの代表作品

A.ガウディ [6] 1852-1926

グエル公園 [7]

割れタイルの積極的活用。地下空間には有事の際の巨大な貯水槽も設置されている。

[8]

土圧を考慮して傾けられた柱や壁。

バルセロナの大実業家グエル氏が、自身の宅地開発事業失敗の土地を、市民公園として使うよう寄付。ガウディが設計を任された。

煙突や階段室を活用した屋上のオブジェ群。

実現はしなかったが、もとは巨大なマリア像の台座として提案された。

内部には、二つの中庭、地下駐車場も設けられている

カサ・ミラ [9]

光の量をコントロールした吹き抜け。光が入りやすい上階ほど窓は小さく、タイルの青色は濃くなっている。

カサ・バトリョ [10]

カサ・バトリョはカサ・ミラとともにガウディ設計の代表的集合住宅。改築であるが、全体が海のモチーフでまとめられている。サメの頭骨をモチーフにしたベランダのデザインなどが有名。

③ **サグラダ・ファミリア聖堂**　1883-

- ・ガウディの死後も、彼の遺志を受け継ぎ建設が続く未完の教会。（2026年完成予定）
- ・バシリカ式教会堂をベースとするが、キリストの生涯をテーマとした建築と彫刻が渾然一体となった有機的なデザインは、過去の様式にとらわれない独自の表現である。
- ・晩年のガウディは、他の仕事はすべて断って、工事現場に住み込み、この教会の建設に打ち込んだ。

▶ウィーン・ゼセッション（ウィーン分離派）

オーストリア・ウィーンで展開した総合芸術運動。（1897結成）

- ・保守的な芸術団体から分離して、新しい時代にふさわしい芸術の創造を目指す。
- ・画家G.クリムトを中心に結成された。建築分野では、J.M.オルブリッヒ、J.ホフマン、O.ワーグナーなどが重要であるが、ゼセッションに批判的であったA.ロースにも注目したい。

代表作品

① **ゼセッション館　J.M.オルブリッヒ**　1898

- ・ゼセッションの活動拠点となる展示施設。
- ・金色に輝く月桂樹の球体などアール・ヌーヴォーの影響が見られる。
- ・しかしながら、建物全体の構成は直線的であり、壁面の装飾も限定的で、確実に次の段階へと進んでいることが見て取れる。

② **ウィーン郵便貯金局　O.ワーグナー**　1906

- ・「**ウィーン近代建築の父**」と言われるワーグナーの代表作。
- ・ほぼアール・ヌーヴォーの影響から脱して、次の次元に到達した記念碑的作品。
- ・特に、カウンターホールは、無機質とも言える内部空間が誕生している。
- ・ガラスや金属を装飾的に用いるのではなく、機能的な必要性に従って扱うことに徹している。

③ **シュタイナー邸　A.ロース**　1910

- ・「**装飾と罪悪**」を出版したロースの代表作。彼は、文明の進化は装飾の追放とともに進むとし、装飾の使用そのものを罪悪として建築から装飾を排除することを主張した。
- ・シュタイナー邸では、外壁に一切の装飾はなく、必要なところに窓があるだけである。
- ・左右対称の全体構成については、未だ古い考え方を引きずっているとも指摘される。

より深く！

ゼセッションの広がり

ゼセッションの中心メンバーであった**J.ホフマン**らにより1903年**ウィーン工房**が設立された。アーツ・アンド・クラフツ運動の影響を受け、生活の芸術化や建築と工芸の統合が目指された。

そのデザインは、幾何学的、直線的であり、マッキントッシュや後のアール・デコのデザインにも通ずる。代表作品としては、家具や食器までデザインされたストックレー邸がある。

ストックレー邸 [11]　J.ホフマン　1911

サグラダ・ファミリア聖堂

ガウディ没後100年にあわせ、2026年の完成へ向けて工事が進んでいる。

12)

13)

森の中にいるような雰囲気の内部空間。様々な色の光がステンドグラスを通して堂内に導かれる。

キリスト、聖母マリア、4人の使徒、12人の弟子を象徴する計18本の塔が建設される。

生誕のファサード

栄光のファサード

受難のファサード

14)

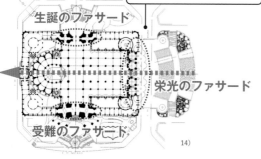

15)

壁面にはキリストの生涯をテーマとした数々の彫刻群がある。建築と彫刻が渾然一体となっている。

ゼセッションの代表作品

黄金の月桂樹の球体など装飾的な要素はアール・ヌーヴォー的である。

建築物の構成は直線的。

ゼセッションの活動拠点。地下には現在、クリムトのベートーベンフリーズが展示されている。

ゼセッション館 16)

ベートーベンを讃えるために、第9交響曲をモチーフとした第14回ウィーン分離派展のための作品。

当時のウィーンは、**世紀末ウィーン**と呼ばれるあらゆる文化芸術が爛熟した時期にほぼ重なる。

ベートーベンフリーズ（部分）17)
G.クリムト　1901

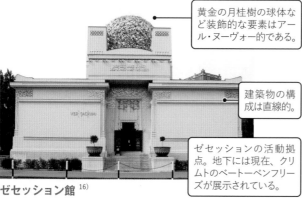

二重のガラス屋根を通して柔らかい光で満たされた内部空間。ガラスブロックの床と相まって、重力からも解放されたような雰囲気。

装飾のための装飾はほとんどなく、裸電球や空調の吹出し口など機能的な物が、アクセントとなる。

ウィーン郵便貯金局 18)

白い壁面に機能的に必要な開口部だけが並ぶ。

対称性へのこだわりは残るものの、時代を先取りして徹底的に装飾を排除した作品。

ロースハウスとともにA.ロースの代表作。

シュタイナー邸 19)

2-5　前衛の運動

学びのポイント

20世紀初頭、ヨーロッパ各地で新時代にふさわしい芸術のあり方を目指す芸術の革命が起こった。建築も、芸術の一ジャンルとして大きな影響を受けた。

前衛の運動は、アール・ヌーヴォーの影響を全く受けていない運動である。

オランダのデ・スティル、ロシア構成主義、イタリア未来派などが該当する。

　1 芸術の抽象化を目指したデ・スティルの建築（シュレーダー邸）について学ぼう。

　2 革命思想の影響を受けたロシア構成主義の建築（第3インターナショナル記念塔など）について学ぼう。

▶デ・スティル

- ・1917年、画家**P.モンドリアン**を中心に結成。
- ・時代は、「普遍」へと向かうとし、徹底的な抽象化を推し進めた。
- ・そのための造形原理として、直角の原理と三原色の原理を用いた。
- ・絵画から始まり、彫刻、家具、空間構成、最終的には建築へと展開した。

代表作品

1 レッド・アンド・ブルーチェア　G.T.リートフェルト　1917（家具作品）

- ・家具職人であったリートフェルトの代表作品。
- ・座面と背もたれ以外はすべて直角の原理で構成されている。

2 シュレーダー邸　G.T.リートフェルト　1924

- ・リートフェルトにより、デ・スティルの理論が最終的に建築作品へと結晶化した。
- ・直角の原理、三原色の原理が忠実に守られている。
- ・2階は、可動間仕切りにより、ワンルームとしても、分割しても使えるように工夫されている。

▶ロシア構成主義

- ・1917年のロシア革命によって世界初の社会主義国家が誕生した。新国家の素晴らしさを内外にアピールするため、建築を含めたあらゆる芸術が動員された。
- ・ロシア・アヴァンギャルドの建築家たちは、過去と完全に断絶した斬新なデザインによる数々の提案を行ったが、実現された作品は非常に少ない。
- また、革命の指導者レーニンが死去し、スターリンが政権を握ると、西洋の伝統的スタイルへ回帰した。

代表作品

1 第3インターナショナル記念塔　V.タトリン　1920

- ・ロシア革命を祝福する高さ400メートルのモニュメントとして計画された。
- ・当時の技術力では建設不可能であったが、模型が作られ、革命の成功と新国家の理念を宣伝するための政治的道具として使われた。

2 雲の支柱　E.リシツキー　1924

- ・主要道路の交差点に建設される事務所建築として提案された。
- ・水平に伸びる片持梁（キャンティレバー）が全体を特徴付ける。

デ・スティルの代表作品

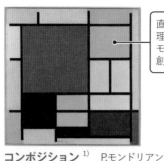

直角の原理と三原色の原理を体現した絵画作品。モンドリアンは抽象絵画の創始者の一人とされる。

コンポジション [1] P.モンドリアン

デ・スティルの理念が家具へと反映された作品。

部材の接合部を、突きあわせではなく、突き抜けて納めたり、小口を黄色く塗るなど、直角の原理を強調する工夫が見られる。

レッド・アンド・ブルーチェア [2]

シュレーダー邸 [3]

2階は、可動間仕切りにより空間を細かく分割することが可能となっている。

内部は造り付け家具なども含めて、家具職人ならではの工夫が散りばめられ、家具と建築が見事に融合している。

子供室　寝室　子供室　リビングダイニング

2階平面図 [4]

ロシア構成主義の代表作品

内部には、立方体の大会議場、四角錐の行政機関、円筒形の情報センターが内包され、それぞれが回転する。

第3インターナショナル記念塔 [5]

当時、繁栄の時代にあったアメリカのスカイスクレーパー（超高層ビル・摩天楼）の垂直性を意識して、それに対抗するための水平性のモチーフとも言われる。

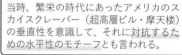

政治的プロパガンダとして、ロシア構成主義の建築には、革命を祝福する建築、過去と完全に断絶した建築、新しい人間・新しい生活の鋳型としての建築などの性格が求められた。

雲の支柱 [6]

より深く！

イタリア未来派

イタリアで展開した前衛の運動として**イタリア未来派**がある。「**交通**」や「**エネルギー**」などダイナミックな「**動き**」や「**スピード**」に注目することで、過去の芸術を徹底的に破壊し、機械化による新しい近代社会の実現を目指した。

実現した建築作品は皆無だが、描かれたスケッチは、都市の未来の姿を的確に予言している。

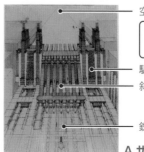

空港の滑走路

駅、空港、建築が複合化した未来の都市の姿を描いている。

駅と一体化した建築物（駅ビル）

斜行エレベータ（ケーブルカー）

鉄道駅

A.サンテリア　新都市 1919

[7]

もっと知りたい！

学びのポイント

ここではドイツにおける近代建築について概観する。アール・ヌーヴォー（ユーゲント・シュティール）から始まるドイツ近代建築の主役は、国力強化のために設立された「ドイツ工作連盟」へと移行した。

さらに、第1次世界大戦後に設立された「バウハウス」において、近代建築は、国際建築（のちインターナショナルスタイルと呼ばれる）として一応の完成を見ることとなる。

1 芸術と産業を統合させたドイツ工作連盟の建築について学ぼう。
2 造形芸術学校バウハウスの特徴とデザイン界において果たした役割について理解しよう。
3 デッサウバウハウス校舎の建築的特徴について整理しよう。

▶ドイツ工作連盟

・1907年設立。芸術と産業の一体化を通して、産業デザインを振興することを目指す。

・工場生産を前提とし、ドイツ製品の品質向上と工場生産に適した造形原理の確立を目的とする。

・芸術を通して、生活や社会システムを変革しようとする点で、アーツ・アンド・クラフツ運動の影響も大きい。

代表作品

1 **AEGガスタービン工場　P.ベーレンス　1909**

　・ドイツ工作連盟の手になる記念すべき第1作であり、鉄とガラスを大胆に用いた力強い造形。

　・全体は、古代ギリシャ神殿をモチーフとしており、左右対称性へのこだわりも残る。

2 **ファグス靴工場　W.グロピウス他　1911**

　・全体がガラスのボックスに見え、外部から建築構造と人の動きが把握できる。同時に内部には明るく開放的な環境を提供した。新時代の建築のあるべき姿を明快に示した作品。

▶バウハウス

・1919年、造形芸術学校として開校。校長は、W.グロピウス。

・芸術と産業、さらに教育の一体化を目指す。ドイツ工作連盟の理念を受け継ぎつつ、さらに発展させた。

・中世のマイスター制（徒弟制）を採用し、建築によってすべての芸術を統合するための特異なカリキュラムを有していた。

・当初は、手工業中心の教育であったが、のち、機械生産中心へとシフト。このことで、バウハウスは、インダストリアルデザイン（工業デザイン）の普及発展においても指導的役割を果たすこととなった。

・1926年、デッサウへ移転。この時に建てられた新校舎こそが、**「インターナショナルスタイル（国際様式）」**として、この後、世界中を席巻する近代建築の雛形である。

ここにこれまで各国個別に展開していた近代建築運動が統合され、一応の完成を見たと言える。

代表作品

1 **デッサウバウハウス校舎　W.グロピウス　1926**

近代建築の一応の完成形として以下のような建築的特徴を有した。

　　・近代的材料（鉄、ガラス、コンクリート）の使用

　　・材料の即物的利用の推進、装飾の否定、直線的構成

　　・機能から導かれた形態および結果としての対称性の放棄

　　・無国籍性つまり国際性

ドイツ工作連盟の代表作品

端部に巨大な柱・壁を残し、側面は、鉄骨のフレームの枠内にガラスが嵌っている。ガラスの扱いが未だ古典的である。

AEGガスタービン工場 [1]

端部の柱を排除したこと、3層に渡ってガラスを連続的に用いたこと、柱に対してガラスの方が外側に出ていることにより、全体がガラスのボックスに見える。

ファグス靴工場 [2]

1914年のドイツ工作連盟展のモデル工場において、同様の造形原理に基づいたより進んだ提案が行われた。また、1927年の住宅展では、グロピウス、コルビュジエ、ミースなどにより実験住宅の提案が行われた。

バウハウスの代表作品

バウハウス初代校長。「国際建築」を提唱。戦後はアメリカで活躍

ワルター・グロピウス [3]
1883-1969

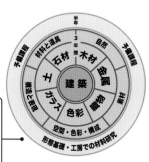

同心円の外側から内側に向かって、予備教育、工房教育を経て、建築教育へとたどり着くカリキュラム。

バウハウスカリキュラム

自転車から想を得たとされる史上初のスチールパイプによるチェア。

指導者としては、**P.クレー**、**W.カンディンスキー**、**O.シュレンマー**など各分野の錚々たる面々が揃っていた。

ワシリーチェア [4]　**M.ブロイヤー**

直線的な構成で、機能性から導かれた形態。対称性はおのずと放棄される。

2階から4階までガラス面が途切れることなく通る。（カーテンウォール）

デッサウバウハウス校舎 [5]

右の寄宿舎アトリエ棟、中央奥の職業学校棟、左の工房棟がブリッジにより接続されていることがわかる。

[6]

より深く！

ドイツ表現主義

第一次世界大戦の敗戦により、ドイツ国内では、絶望や不安が蔓延した。建築にもこの影響は現れ、客観的な外部世界よりも、主観的な自己の内面世界を表出した**表現主義建築**が流行した。有機的な曲線形態を有するものが多い。

ヨーロッパ各国、日本にも影響を与えたが、ナチスの台頭により、退廃芸術として批判され衰退していく。

アインシュタイン塔 [7]　E.メンデルゾーン
1921

復習 4 　近代建築 （登場から完成まで）

▶**初期近代建築、アーツ・アンド・クラフツ運動について**

① 近代建築の主たる材料を答えよ。

② クリスタルパレス建設の際に用いられた工期短縮の手法を答えよ。

③ 初期近代建築の代表作品の名称を答えよ。（図1）

④ アーツ・アンド・クラフツ運動の主導者の人物名を答えよ。

⑤ アーツ・アンド・クラフツ運動が理想とした時代とその特徴を答えよ。

図1 　　　　　　1)

▶**アール・ヌーヴォーとその展開について**

① アール・ヌーヴォーの主要モチーフを答えよ。

② ベルギーにおけるアール・ヌーヴォーの代表作品の名称を答えよ。

③ スコットランドにおけるアール・ヌーヴォー的な運動の名称を答えよ。

④ スペインにおけるアール・ヌーヴォー的な運動の名称を答えよ。

⑤ ④の代表的建築家ガウディによる世界的に有名な、現在なお未完の聖堂の名称を答えよ。（図2）

⑥ ウィーンにおけるアール・ヌーヴォー的な運動の名称を答えよ。

⑦ ⑥の代表的な建築家を答えよ。

⑧ A.ロースが建築において主張したことを答えよ。

図2 　　　　　　2)

▶**前衛の運動について**

① オランダにおける前衛的な芸術運動の名称を答えよ。

② ①の原理が結実した建築作品の名称を答えよ。（図3）

③ ロシア革命後、ロシア・アヴァンギャルドにより主導された新国家に相応しいとされた様式の名称を答えよ。

図3 　　　　　　3)

▶**ドイツにおける近代建築運動と近代建築の完成について**

① 近代化を目指し、1907年ドイツにおいて設立された組織名称を答えよ。

② 1919 年、ドイツワイマールに設立された造形芸術学校の名称を答えよ。

③ 上記②のカリキュラム上の特徴を挙げよ。

④ 上記②の代表作であるデッサウバウハウス校舎（図4）の建築的特徴を挙げよ。

⑤ 上記④に見られる特徴をもってのちに名付けられたスタイルの名称を答えよ。

図4 　　　　　　4)

....

解答

▶**初期近代建築、アーツ・アンド・クラフツ運動について**
①鉄、ガラス、コンクリート　②プレファブリケーション工法　③エッフェル塔　④W.モリス　⑤中世、手作りによるものづくり
▶**アール・ヌーヴォーとその展開について**
①植物　②タッセル邸　③グラスゴー派　④モデルニスモ　⑤サグラダ・ファミリア聖堂　⑥ウィーン・ゼセッション（ウィーン分離派）　⑦J.M.オルブリッヒ、O.ワーグナー、J.ホフマンなど　⑧装飾の否定
▶**前衛の運動について**
①デ・スティル　②シュレーダー邸　③ロシア構成主義
▶**ドイツにおける近代建築運動と近代建築の完成について**
①ドイツ工作連盟　②バウハウス　③徒弟制の採用、建築による諸芸術の統合　④近代的材料の使用、装飾の否定、直線的構成、機能から導かれた形態、対称性の放棄、無国籍性など　⑤インターナショナルスタイル

発展学習④ アール・デコ

▶特徴

- 1910年代から30年代にフランスやアメリカを中心に流行した美術工芸の様式。
- 単純、直線的、幾何学的なデザインが特徴。曲線的モチーフとしては**流線型**や**放物線**が用いられた。
- 名称の由来は、1925年に開催された**パリ万国装飾美術博覧会**（アール・デコ博）による。
- 自動車・飛行機や各種の工業製品、近代的都市生活全般に関わる実用的なデザインであった。
- 建築では、ニューヨークのクライスラービルやエンパイアステートビルなどがよく知られているが、マッキントッシュやゼセッション、さらにはライトの作品の一部を含めることもある。

▶代表的作品

先頭部分の流線型と後方へと直線的に伸びるシルエット。

ローウィは、工業デザインにおいて流線型を多用した。企業や製品のロゴマークも数多く手がけた。

ペンシルバニア鉄道S1形蒸気機関車 [1]　R.ローウィ

カーマスコットとして制作した作品の一つ。風を孕んで後方に直線的に伸びる髪がスピード感をイメージさせる。

ラリックは、アール・ヌーヴォーからアール・デコの時代まで活躍した宝飾・ガラス作家。

勝利の女神 [2]　R.ラリック　1928

[4]

クライスラービルは、アールデコ様式の最も有名な建築作品。
当時のアメリカの繁栄を物語る摩天楼（スカイスクレーパー）の傑作。
特に頂部のステンレス鋼による優美な造形は、他の摩天楼と一線を画すデザインである。

クライスラービル [3]　W.V.アレン　1930

[6]

クライスラービルとともに、ニューヨークを代表する摩天楼。特に内装において、アールデコのデザインが際立つ。
1931年から1970年まで世界で最も高い建築物であった。

エンパイア・ステート・ビル [5]　1931

より深く！

万国博覧会の意義

1851年の第1回ロンドン万博以来、現在まで万博は続いている。世界中の国々が参加する万博は、その時代を象徴するとともに、建築においてもエポックメイキングな機会であった。**クリスタルパレス、エッフェル塔、バルセロナパビリオン**など枚挙にいとまがない。建築のみならず、芸術や文化全般の方向性を決めてしまうことまであった。1925年のアール・デコ博はまさにそのような博覧会であった。

アール・デコ博　ボン・マルシェ百貨店館
1925 [7]

もっと知りたい！

学びのポイント

近代建築三巨匠の一人であるフランク・ロイド・ライト（アメリカ）は、生涯に約800件もの設計を行った。

1 彼の生涯を３つの時期に分け、それぞれの時期の建築思想と、主要建築作品について概観しよう。

2 彼は自身の設計した建築を「有機的建築(Organic Architecture)」と呼んだが、どのような特徴を備えた建築のことか考察してみよう。

フランク・ロイド・ライト [1]
1867-1959

▶**第1黄金時代**

・最大の功績は、アメリカに真にふさわしい住宅「プレーリーハウス（草原住宅）」の提案である。

・アメリカの広大な大地に調和するように、水平性を強調した。

・さらに、住宅の内部と、外部が緩やかにつながるように、軒の出を深く取り、内外空間の相互浸透を目指した。

代表作品

1 **ロビー邸**　1909

・水平性の強調、深い軒の出などプレーリーハウスの典型的特徴が認められる代表作。

・内部のインテリアも、家具、照明器具、ステンドグラスなどライト自身のデザインである。

▶**失われた時代**

・公私ともに恵まれなかった時期であるが、帝国ホテルの設計で日本に招かれ、学校や住宅の設計も行った。また、アメリカ西海岸では、コンクリートブロックを使った実験的住宅を提案した。

代表作品

2 **帝国ホテル**　1923

・当時日本国内に存在しなかった、諸外国の要人を迎えるための本格的西洋式ホテルとして建設された。

・大谷石を用いた遺跡風の造形。当時のライトの作風には、マヤ文明などの影響が指摘されている。

▶**第2黄金時代**

・70歳直前に発表した落水荘により、ライトは建築家としての地位を再び不動のものとした。

代表作品

3 **落水荘（カウフマン邸）**　1936

・カウフマン一家の思い出である滝と共に暮らすため、滝の真上に建設された住宅。

・流動的な平面計画が取られ、周辺環境へと調和しつつ開かれ、一体化している。

・インターナショナルスタイルとは一線を画すこの場所にしか成立しえない唯一無二の建築である。

・内外空間および部分と全体が互いに連動するような緊密な関係を持った**有機的建築**である。

4 **ジョンソンワックス本社**　1939

・ライトの作風は、曲線や曲面を多用したものが増えていくが、ここでは構造体そのものまで提案した。

・その結果、**「木漏れ日の差す森の中」**と形容される神秘的な光が満ちる内部空間が達成された。

5 **グッゲンハイム美術館**　1959

・ニューヨークの街中に建設された遺作となる美術館。

・吹き抜けを囲むスロープが鑑賞動線となっており、垂直方向の空間の流動性が目論まれている。

フランク・ロイド・ライトの代表作品

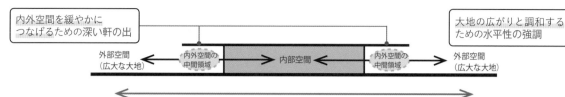

内外空間を緩やかに
つなげるための深い軒の出

大地の広がりと調和する
ための水平性の強調

外部空間
（広大な大地）

内外空間の
中間領域

内部空間

内外空間の
中間領域

外部空間
（広大な大地）

アメリカの大地の広がり

軒のラインだけでなく、バルコニーやボーダータイルも含めて水平的要素を強調し、それを幾重にも積み重ねている。

ロビー邸 [2]

完成直後に関東大震災が発生するがほぼ無傷であった。現在エントランス部分が、明治村に移築保存されている。

帝国ホテル [3]

「滝を見るのではなく、滝と共に暮らす」ための様々な工夫が見られる。
・滝の真上に建設すること。
・滝の垂直性と川の水平性をモチーフとした全体の構成。
・石の素材を積極的に利用。
・流動的に空間がつながる平面計画。

当時の、「インターナショナルスタイル」が世界共通の無国籍な建築を目指していたのに対し、落水荘はこの場所にしかない唯一無二の建築として提案された。

落水荘（カウフマン邸） [4]

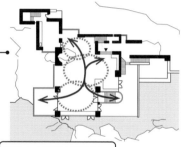

緩やかな空間の溜まりと流れが見られる。

1階平面図 [5]

円形の梁と細い柱を一体化させた構造体そのものをライトは提案した。梁の隙間がトップライトとなり光が降り注ぐ。

奇抜な外観に反対意見も多かったが、内部は、螺旋状のスロープに囲まれた吹き抜けが上下につながり、垂直方向の空間の流動性が目論まれている。

ジョンソンワックス本社 [6]

グッゲンハイム美術館 [7]

より深く！

ライトと日本の関係

ライトは、浮世絵の収集家としても有名であり、伊藤若冲コレクションで有名なプライス氏が若冲と出会うきっかけを作ったのもライトであった。建築においては、1920年代に日本を訪れ、帝国ホテル等の名作を残しただけでなく、シカゴ博覧会(1893)で日本館鳳凰殿に触れたことや、近年では、浮世絵の空間構成とライトの空間構成の類似性も指摘されており、ライトの建築と日本文化の近親性がうかがえる。

シカゴ博覧会日本館鳳凰殿 [8]
日本建築の伝統をアピールするため、平等院鳳凰堂を模して建てられたパビリオン。

もっと知りたい！

■ 学びのポイント ■

近代建築三巨匠の一人であるル・コルビュジエ（スイス生まれ、のちフランスに帰化）は、建築設計だけではなく、建築理論、都市理論においても重要な提案を数多く行った。また、芸術家としても活動していた。
「住宅は住むための**機械**である」「住まいは生活の**玉手箱**である」「建築は光のもとに集められた立体の、巧みで正確で壮麗な**遊戯**である」などの名言からもうかがえるように、機能性、芸術性、時代性などあらゆる角度から建築を多面的に捉えることができた稀有な建築家であった。
　■ **主要建築理論および主要建築作品の特徴と背後の建築思想について学ぼう。**

ル・コルビュジエ [1]
1887-1965

▶ **建築理論**

1 **ドミノシステム**　1914

　・建築を要素に分解し、これを工場で生産し、現場で組み立てる。（プレファブリケーション）

　・柱が力を負担し、壁は力を負担しないので、壁はなくても建築は構造的に成立する。同時に自由な場所に壁を立てることができるので自由な間取りが可能となる。

2 **近代建築5つの要点（5原則）**　1927

　・これからの時代の建築に必要な5つのポイントを、交通空間としての「**ピロティ**」、都市の中の自然の確保のための「**屋上庭園**」、光と眺望のための「**水平連続窓**」、ドミノシステムから導かれる「**自由な平面**」「**自由な立面**」として整理した。

3 **モデュロール**　1940頃

　・身体寸法と黄金比を関連付けたことで機能性と美しさを同時に満たすことを可能とした独自の寸法体系。

▶ **代表作品**

1 **サヴォア邸**　1931

　・近代建築5つの要点を忠実に満たす。

　・野生の自然から人工の自然（屋上庭園）へ至る散歩道「建築的プロムナード」の提案。

　・機能的でありつつ、同時に詩的な作品である。

2 **ユニテ・ダビタシオン**　1952

　・居住環境に配慮して**スキップフロア**形式かつ**メゾネット**形式を採用。

　・商店街、幼稚園、ジムなどを設けることで「完結した一つのコミュニティ」の創造を目指した。

3 **ロンシャンの教会**　1955

　・彫刻作品のような形。コルビュジエ初の宗教作品であり、祈りの場の提案である。

　・「光の洪水」とも喩えられる内部に入る光と闇の対比により宗教的な空間を作り上げた。

4 **ラ・トゥーレットの修道院**　1959

　・「住む」と「祈る」の両方の機能を備えた建築。その意味で、集大成的な作品と言える。

　・コンクリートの無骨な表情を打放しで表現するなど「清貧」の思想を近代的に解釈し実践している。

ル・コルビュジエの代表作品

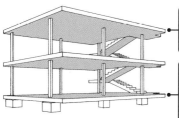

建築を、床、屋根、柱、階段などの要素に分解し、工場で生産、現場で組み立てる。

壁が描かれていないのは、構造的には壁は力を負担しないこと、また、自由に壁を配置できること（間取りが自由）を示している。

ドミノシステム [2]

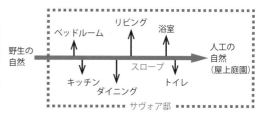

屋上庭園へと向かうスロープ（散歩道）の周りに諸室があるイメージ

建築的散歩道

近代建築5つの要点が忠実に守られている。

外部から屋上庭園へとつながるスロープこそがこの建築の主役である。

サヴォア邸 [3]

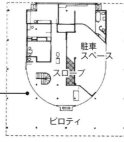

1階平面図

2階平面図 [4]

7階、8階に設けられた商店街。屋上には幼稚園やスポーツジムもある [6]

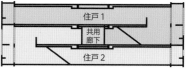

3層ごとにまとめられた断面計画

共用廊下は中央階にのみ存在し、そこからアクセスする住戸は上下2層分にわたるメゾネット構成となる。このことで、採光や通風が大きく改善される。

ユニテ・ダビタシオン [5]

まるで彫刻作品のような造形。見る角度によって、全く異なる表情を見せる。

モデュロールに従って穿たれた窓から入る光。窓には、画家としても活躍したコルビュジエ自身が描いた色とりどりのステンドグラスがある。

ロンシャンの教会 [7]

[8]

丘の傾斜地に建つが、近代建築5つの要点がやはり忠実に守られている。

素朴で荒々しいコンクリートの表情。色ペンキによる光の造形。「清貧」の思想を体現するため、ル・トロネ修道院を参考にした。

ラ・トゥーレットの修道院 [9]

[10]

サヴォア邸

野生の自然 → 人工の自然（屋上庭園）

ベッドルーム　リビング　浴室

キッチン　ダイニング　トイレ

スロープ

駐車スペース　スロープ　ピロティ

スロープ　テラス　広間

住戸1　共用廊下　住戸2

もっと知りたい！

学びのポイント

近代建築三巨匠の一人であるミース・ファン・デル・ローエ（ドイツ生まれ、戦時中アメリカに亡命）は、素材の持ち味を生かしつつ、その無駄を排したミニマルなデザインに特徴がある建築家である。

「Less is More.」「神は細部に宿る」 などの名言がある。

特に、「ユニバーサルスペース」の提案は、最も重要な彼の建築的思想である。

■ 主要建築理論および主要建築作品の特徴と背後の建築思想について学ぼう。

ミース・ファン・デル・ローエ [1] 1886-1969

▶ **ドイツ時代**

・初期には、近代建築に関わるいくつかの重要な提案を行った。

　ガラスのスカイスクレーパー案、コンクリートのオフィスビル案、レンガ造のカントリーハウス案 など

・バルセロナパビリオン、トゥーゲントハット邸などの名作を世に送り出した。

・バウハウスの第3代校長を務めるが、ナチスにより閉鎖される。直後、アメリカに亡命。

代表作品

1 **バルセロナパビリオン**　1929

・直交する数枚の壁とガラスだけで構成されたミニマルな空間。

・大理石やガラスの扱いに、卓越した素材に対する審美眼が感じられる。

2 **トゥーゲントハット邸**　1930

・バルセロナパビリオンの空間理念を、そのまま住宅作品へと応用した作品。

▶ **アメリカ時代**

・第2次世界大戦後、**ユニバーサルスペース**の空間理念が、名作ファンズワース邸を経て、イリノイ工科大学クラウンホールで結実した。

・集合住宅やオフィスビルにおいても時代を先取りするカーテンウォールによる均質な建築を設計した。

代表作品

3 **ファンズワース邸**　1951

・全面ガラス張り、ワンルームという当時としては常識を打ち破る提案。

・ガラスで囲まれただけの透明なボックスとしての建築は、ミースが目指す普遍的かつ究極の空間である「ユニバーサルスペース」へと肉薄していることが感じ取れる。

4 **イリノイ工科大学クラウンホール**　1956

・ミースの「ユニバーサルスペース」の提案が、ほぼ忠実に実現した作品。

・4本の巨大な梁で、屋根を吊り下げることにより、巨大な無柱空間を実現した。

5 **レイクショア・ドライヴ・アパート**　1951

6 **シーグラム・ビル**　1958

・ミースは、現在の都市のごく一般的な建築である鉄骨造の高層建築においても多大な寄与をした。その外観は極めてシンプルであるが洗練されたものである。

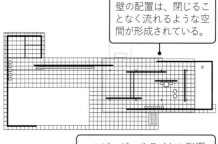

壁の配置は、閉じることなく流れるような空間が形成されている。

屋根は、8本のクロムメッキされた細い十字柱が支え、壁は自立している。

3種類の石（トラバーチン、オニキス、蛇紋岩）の使い分け、フロストガラスと透明ガラスの使い分けなど、素材に対する審美眼が高度に発揮されている。

コルビュジエやライトの影響、あるいは同時代性が窺える。

バルセロナパビリオン [2]

2章 近代建築史

全面ガラス張りであるが、トイレ、浴室などは、木製のボックス内部に収め、最低限のプライバシーを確保する。

シンプルでありながら、空間の密度が徐々に濃くなるようにアプローチの展開が考えられている。

玄関ポーチ / キッチン / トイレ・浴室 / ベッドコーナー / ダイニング / リビング / テラス

[4]

ワンルームでありながら、緻密に分節化された内部空間。

ファンズワース邸 [3]

バルセロナパビリオンの空間理念を、そのまま住宅作品へと応用した作品。クロムの十字柱や壁で緩やかに分割された流動的な空間は共通する。

2001年ユネスコ世界遺産に登録。

トゥーゲントハット邸 [5]

レイクショア・ドライヴ・アパート [7]

シーグラムビル [8]

巨大な梁で、屋根を吊り下げ、巨大な無柱空間を実現。

内部は、彼自身「Almost Nothing（ほとんど何もない空間）」と形容したユニバーサルスペースが実現している。

イリノイ工科大学クラウンホール [6]

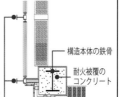

構造本体の鉄骨
耐火被覆のコンクリート
外観上鉄骨造に見せるためのフェイクの鉄骨

耐火被覆で覆われた鉄骨のさらに外側に鉄骨の外皮を貼り付けることで、内部の構造を表現した。ディテールに対する徹底的なこだわりが伝わる。

シーグラムビルのディテール

より深く！

ミース名言集

「Less is More.」

「より少ないことは、より豊かである」「最小は最大である」などと訳されるが、ミースのミニマリスト的姿勢が如実に表れた言葉である。合理性にもとづく近代主義建築の特徴を表す言葉としても使われた。

「神は細部に宿る」

細部（ディテール）をおろそかにせず、緻密かつ丁寧に仕上げることで、建築作品全体が素晴らしいものになる。

もっと知りたい！

学びのポイント

近代建築は、北欧、南米、アジアなど様々な地域へと広まっていった。
北欧フィンランドでは、戦前からの**アルヴァ・アアルト**（1898-1976）の活動に注目すべきである。アメリカでは、戦後**ルイス・カーン**（1901-74）が、個性的な建築活動を行なった。彼らの建築は、いわゆるインターナショナルスタイルが機能性一辺倒になっていくなかで、近代建築に人間性、地域性、象徴性などを与えるものであり、近代建築がより成熟していく過程とも、変容していく過程とも捉えることができる。
　■ **アアルト、カーン両建築家の主要作品の特徴と背後の建築思想について学ぼう。**

▶アルヴァ・アアルト
　・**人間主義的近代建築**と呼ばれる個々の人間に焦点を当てたきめ細やかな配慮に特徴がある。
　・森と湖、少ない太陽と雪に代表されるフィンランドの地域性、風土性にも注目し、積極的に取り入れた。

代表作品

1 **パイミオのサナトリウム**　1933
　・初期の代表作であり、コルビュジエの影響も見られるが、結核患者のために日照に配慮した建物配置、コミュニケーションを取るための日光浴スペースなど、アアルトの心遣いが伝わる。

2 **ヴィープリの図書館**　1935
　・フィンランド人の光に対する思いと機能性を融合させたトップライト、音響性に配慮した波打つ天井などアアルトらしい人間味溢れる工夫が見られる作品。

3 **旧サウナッツァロの村役場**　1952
　・冬の寒風と雪に配慮した中庭を囲む空間構成やフィンランドの伝統的なレンガによる外観は、近代建築に地域性を復権させた。

▶ルイス・カーン
　・建築を言語から思考する哲学的アプローチに特徴がある。
　・建築作品は、いずれも幾何学性を帯びた荘厳さと存在感が際立つ。
　・近代建築に、象徴性や記念碑性を与えた。

代表作品

1 **ソーク生物学研究所**　1965
　・太平洋に開かれたプラザを主題化した全体構成。
　・太陽が沈む夕景は、印象的であり、建築と融合した1枚の絵画のようである。

2 **キンベル美術館**　1972
　・ヴォールト屋根を持つ、筒型のユニットを多数並べた構成。
　・ヴォールト屋根の頂部にはスリットがあり、内部の反射板により独特の光が降り注ぐ。

3 **バングラデシュ国会議事堂**　1983
　・カーンの遺作。約20年の歳月をかけて完成。
　・明快な幾何学的形態を組み合わせた構成で、池に浮かぶ姿は様式建築とは無縁の威厳に満ち溢れる。

アルヴァ・アアルトの代表作品

建物どうし軸を振った配置構成。コルビュジエの影響も感じられる。

患者のコミュニケーションを誘発する日光浴テラス。

レンガによる造形は、フィンランドの風土性への配慮。

冬場の強い風を防ぐための中庭を囲む平面構成。

パイミオのサナトリウム [1]

2)

旧サウナッツァロの村役場 [3]

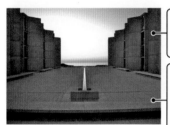

ヴィープリの図書館 [4]

円形のトップライト群は、手暗がりを生じさせないための機能性と、フィンランド人の太陽に対する憧れが表現されている。

5)

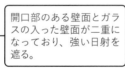

音響に配慮した波打つ天井。波打つ曲面は、アアルトの主要モチーフとなっていく。

6)

ルイス・カーンの代表作品

両側に建ち並ぶ寄宿舎と細く切られた水路が視線を海へと誘導する。

太平洋に向かって開かれた広場。夕景は特に美しい。広場を主題とすることにはL.バラガンの助言があったと言われる。

ソーク生物学研究所 [7]

筒型のユニットを並べた全体構成。展示室、エントランスホール、外部テラスなど多様に展開する。

平面的にはダブルグリッドにより主空間とサブ空間が区分される。（→p.147）

9)

開口部のある壁面とガラスの入った壁面が二重になっており、強い日射を遮る。

八角形を基調とした求心的な造形。城塞のような圧倒的な存在感を感じさせる佇まい。

バングラデシュ国会議事堂 [8]

上部のスリットから入った光がリフレクター（反射板）で反射し、コンクリートのヴォールト天井を照らし出す。

キンベル美術館 [10]

より深く！

ルイス・バラガンの建築

メキシコを代表する建築家に、**ルイス・バラガン**(1902-88)がいる。形態については簡素なモダニズム建築であるが、色彩はメキシコ特有のピンク、オレンジ、黄などのパッションカラーを多用した。また、水や光の要素をうまく組み合わせた。

近代建築の言語の中で、色彩を中心にメキシコの風土性を取り込んだ稀有な建築家である。

ヒラルディ邸 1977 [11]

もっと知りたい！

▊ 学びのポイント ▊

インターナショナルスタイル（国際様式）、あるいは、モダニズム建築（近代主義建築）と呼ばれる建築が、戦後の世界を席巻していった。機能性と合理性に裏打ちされた世界共通の建築であったが、1960年代頃からこれに対する批判が始まった。「ポストモダニズム」の始まりである。

■ 現代建築については、まだ歴史として確定していない部分も多いが、大きな流れの概要と代表作品については理解しておこう。

▶ポストモダニズム（ポストモダン建築）

・機能的な白い箱と化したモダニズム建築に対する、異議申し立ての運動。
・元来、建築が有していたはずの豊穣な意味を取り戻すことを目指した。
・地域性、歴史性、記号性、遊戯性などを、建築に取り込み、多義的、混成的、折衷的な建築を提唱した。

1 **母の家　R.ヴェンチューリ　1963**
　　・ポストモダニズム最初期の事例。切妻屋根と対称性を微妙にずらした構成が特徴。

2 **イタリア広場　C.ムーア　1978**
　　・ポップアート的な手法によって、古代ローマ建築を現代風に親しみやすく復元させた。

▶構造表現主義

・**コンクリートの可塑性**や、**シェル構造、吊り構造**などの構造的美しさを積極的に表現するスタイル。

1 **旧TWA フライトセンター（現TWAホテル）　E.サーリネン　1962**
　　・コンクリートの可塑性を生かして、空港のイメージにマッチした鳥の翼のような外観を実現。

2 **シドニーオペラハウス　J.ウッツォン　1959-73**
　　・シェル構造を生かして、帆船のイメージを実現した。オーストラリアの代表的建築物。

▶ハイテックスタイル

・建築を、最先端の科学技術（テクノロジー）の成果として表現する。
・設備的要素も機械のモチーフによりデザイン要素として積極的に表現。

1 **ポンピドゥーセンター　R.ピアノ他　1977**
　　・足場が組まれたような外観、各種配管も隠さず積極的に表現するなど、ハイテック建築の先駆的作品。

2 **ロイズ本社ビル　R.ロジャース　1986**
　　・メカニカルなモチーフを用いつつ、メタリックな仕上げが施された精密機械のような外観。

▶脱構築主義（デコンストラクティヴィズム）

・哲学における、**脱構築主義**の思想を建築に持ち込んだもの。
・建築においては**「ずれ」「歪み」「ねじれ」**などが外観上の特徴である。

1 **ユダヤ博物館　D.リベスキンド　1999**
　　・極限状態における、ユダヤ人の心理を追体験することができる空間体験を重視した博物館。

2 **ビルバオグッゲンハイム美術館　F.ゲーリー　1997**
　　・「ビルバオの奇跡」と呼ばれる都市再生の起爆剤となった美術館。チタンによる曲面の造形。

緩やかな切妻屋根は、古代ギリシャの神殿や、この地域の倉庫建築を想起させる。左右対称を巧妙にはずした構成も遊戯性を感じさせる。

古代ローマ風の広場が、現代的な遊び感覚で再現されている。

母の家 1)

イタリア広場 2)

コンクリートの可塑性を生かして鳥の翼のように表現。現在は、ホテルとして活用。

帆船のイメージ。シェル構造の屋根は当時最新の構造技術の成果である。

旧TWA フライトセンター 3)

シドニーオペラハウス 4)

通常隠してしまう設備的な要素を積極的にデザインとして活用。建設反対運動もあったが、現在はパリの3大美術館の一つに数えられる。

メタリックな外観からは洗練されたイメージが感じられる。ハイテック建築の王道的作品。

ポンピドゥーセンター 5)

ロイズ本社ビル 6)

7)

世界中から観光客を引き寄せた奇抜な外観。

軽くて強いチタンはメンテナンスフリーの素材でもある。

ユダヤ人の不安感、恐怖心を追体験するための、空間の歪みやねじれ。形遊びだけに終わる作品が多い中で説得力のある作品。

ユダヤ博物館 8)

ビルバオグッゲンハイム美術館 9)

より深く！

ロバート・ヴェンチューリの功績

「Less is Bore.」（より少ないことは、より退屈である）

もちろん、ミースの名言「**Less is More.**」に対する皮肉である。ミースの言葉は、近代建築の機能性・合理性重視、ミニマリズム的美しさを端的に表しているが、ヴェンチューリは、アルファベット1文字を変えるだけで、意味を完全に逆転させた。

ヴェンチューリは、多様性、対立性、混沌などを積極的に評価し、ラスベガスの商業主義的な街並みに注目するなど建築の新たなあり方を提示した。

▶フランク・ロイド・ライトについて

① ライトが目指したアメリカに真に相応しい住宅の名称を答えよ。

② 第2黄金時代の幕開けを飾る代表作品の名称を答えよ。（図1）

③ ライトが自分自身の建築をどのように呼んだか名称を答えよ。

④ ③の建築的特徴をいくつか挙げよ。

図1　　　　　　　　　　1)

▶ル・コルビュジエについて

① ドミノシステムの特徴を挙げよ。

② 近代建築5つの要点で挙げられた要点を答えよ。

③ 黄金比と身体寸法を関連づけた寸法体系の名称を答えよ。

④ 近代建築5つの要点を満たした代表的住宅作品の名称を答えよ。（図2）

⑤ 上記④において提案された建築的アイデアを答えよ。

⑥ ユニテ・ダビタシオンにおいて目指された建築的アイデアを答えよ。

⑦ ラ・トゥーレットの修道院の設計に際して参考にした教会を答えよ。

図2　　　　　　　　　　2)

▶ミース・ファン・デル・ローエについて

① 大理石の扱いが特徴的なドイツ時代の代表作品の名称を答えよ。

② アメリカ亡命後に設計された代表的住宅作品の名称を答えよ。（図3）

③ ミースが目指した究極の空間の名称を答えよ。

④ ミースの名言を挙げよ。

図3　　　　　　　　　　3)

▶近代建築の成熟・変容と現代建築について

① パイミオのサナトリウムなどを設計したフィンランドの代表的建築家を答えよ。

② キンベル美術館などを設計したアメリカの代表的建築家を答えよ。

③ ポストモダニズムの建築的特徴を挙げよ。

④ 上記③の理論的推進者であるR.ヴェンチューリの名言を挙げよ。

⑤ 構造的な美しさを積極的に表現する建築スタイルの名称を答えよ。

⑥ 設備的な要素を隠さず機械的なモチーフとして表現する建築スタイルの名称を答えよ。

⑦ ずれ、歪みなどに特徴のある現代哲学の影響を受けた建築スタイルの名称を答えよ。

....

解答

▶**フランク・ロイド・ライトについて**

①プレーリーハウス（草原住宅）　②落水荘　③有機的建築（Organic Architecture）　④流動的空間、内外空間の相互浸透、全体と部分の連動

▶**ル・コルビュジエについて**

①プレファブリケーション、自由な間取り　②ピロティ、屋上庭園、水平連続窓、自由な平面、自由な立面　③モデュロール　④サヴォア邸　⑤建築的散歩道（建築的プロムナード）　⑥完結した一つの共同体　⑦ル・トロネ修道院附属教会

▶**ミース・ファン・デル・ローエについて**

①バルセロナ・パビリオン　②ファンズワース邸　③ユニバーサルスペース　④Less is More.

▶**近代建築の成熟・変容と現代建築について**

①アルヴァ・アアルト　②ルイス・カーン　③歴史性、地域性、記号性、遊戯性など　④Less is Bore.　⑤構造表現主義　⑥ハイテックスタイル　⑦脱構築主義（デコンストラクティヴィズム）

発展学習 ⑤ 近代の都市計画

▶ 特徴
・産業革命以降の都市への人口流入と都市環境の悪化に伴い、近代的な都市計画が提案されるようになった。
・機能主義的な都市計画理論は、1960年代頃からその限界が指摘されるようになり、新しい都市計画手法や多様な都市評論・都市批評が展開されるようになった。

▶ 代表的な都市計画

① 「明日の田園都市」 E.ハワード　1898
大都市周辺に田園に囲まれた小都市を設けることを提唱。自然の豊かさと都市の社会性が共存する環境を提案。
事例：レッチワース（イギリス）

② 「工業都市」 T.ガルニエ　1917
緑地帯を干渉帯として工業地域と住居地域を共存させた都市の提案。

③ 「近隣住区論」 C.A.ペリー　1929
小学校区を基本単位とした地域コミュニティの形成、歩車分離により安全かつ快適で利便性の高い住環境を確保する。
事例：ハーロウ（イギリス）、ラドバーン（アメリカ）、千里ニュータウン、多摩ニュータウン

④ 「輝く都市」 ル・コルビュジエ　1930
高層ビルの建設による空地の確保と歩車分離を提唱。人口過密による都市環境悪化の解消を提案。
300万人の現代都市（1922年）、**ヴォアザン計画**（1925年）とともに機能主義的・モダニズム的な都市像の提案。
事例：ブラジリア（部分的な採用）

⑤ 「東京計画1960」 丹下健三研究室　1961
東京湾上に新たな都市軸を設定し、線状に発展する海上都市の提案。

機能主義的都市計画以降の展開

・「都市のイメージ」 K.リンチ　1960
集団的な都市像の把握（イメージのしやすさ）の重要性を指摘。

・「アメリカ大都市の死と生」 J.ジェコブス　1961
人間不在の都市の状況を批判。多様性の復権を唱える。

・「都市はツリーではない」 C.アレグザンダー　1965
人工都市よりも遥かに複雑な都市本来の姿を集合論により展開。
さらに、「パタンランゲージ」(1977)では、人々が「心地よい」と感じる環境のパターンによる住民視線のまちづくりを提案。

「明日の田園都市」 E.ハワード [1]

「工業都市」 T.ガルニエ [2]

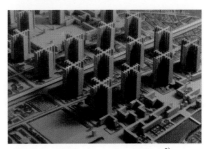

ヴォアザン計画　ル・コルビュジエ [3]

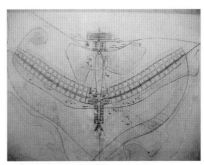

ブラジリアの都市計画マスタープラン
L.コスタ [4]

〈問題〉空欄に当てはまる言葉を答えよ。

　農業社会から工業社会への変化に伴い、工業製品としての（　①　）（　②　）（　③　）が新しい建築材料として登場する。大量生産によるコストダウンや規格化が可能なこと、また素材の特性を生かして、大スパンを必要とする（　④　）（　⑤　）、多量の採光を必要とする（　⑥　）（　⑦　）などで採用されるようになった。初期の頃は、デザイン性に問題があり、工学的な建設物として扱われたが、（　⑧　）（　⑨　）等の作品により確固たる建築としての地位を獲得していった。
　このような工業化、機械化の流れに対して警鐘を鳴らしたのが（　⑩　）を中心人物として展開した（　⑪　）運動である。中世のものづくりを理想とし、手作りの良さ、芸術と生活の一体化を主張した。代表作品として（　⑫　）がある。

　この考え方を受け継ぎながらも機械生産を積極的に取り入れた運動が、（　⑬　）である。植物のつるや茎、昆虫など生物を主要モチーフとした斬新なデザインはあらゆる芸術分野で爆発的に流行した。代表作品としてV.オルタによる（　⑭　）がある。フランス、ベルギーで始まったこの運動は他国にも大きな影響を与え、イギリスではグラスゴー派、スペインではモデルニスモ、オーストリアではゼセッション（ウィーン分離派）、ドイツではユーゲントシュティールなどが各国で展開した。
　グラスゴー派は（　⑮　）を中心人物として展開したが、初期の曲線主体の構成が直線主体の構成へと変化していった。モデルニスモは（　⑯　）を中心人物として展開したが、代表作品として（　⑰　）は特に有名である。ゼセッションにおいてはO.ワーグナーの（　⑱　）に見られる材料の即物的利用、A.ロースの（　⑲　）に見られる装飾の徹底的排除など重要な展開が見られる。このように元来、曲線を主体とする装飾的な様式であったアール・ヌーヴォーが、諸外国ではより近代建築にふさわしい形へと変容していく姿を確認することができる。

　オランダにおける（　⑳　）は、アール・ヌーヴォーの影響を全く受けていない近代建築運動である。直角の原理と三原色の原理による単純化により、芸術の普遍性を徹底的に追求した。建築作品としては、G.T.リートフェルトによる（　㉑　）が重要である。ロシアにおいては、ロシア革命後の新生ソヴィエトの国家戦略として新しいタイプの建築が模索された。（　㉒　）と呼ばれる建築家たちは、新しい国家の力強さや発展のイメージなど共産主義国家における建築のあり方を様々な形で提案した。革命の祝福のモニュメントとして提案されたのが、V.タトリンによる（　㉓　）である。

　ドイツは、ユーゲントシュティールを経て、国家主導により、（　㉔　）を結成する。芸術と産業の一体化を目的とし、AEGガスタービン工場、ファグス靴工場などガラスを大胆に扱った作品を世に送り出したが、ドイツ工作連盟展モデル工場においては、機能による建物の分棟化を提案した。1919年、造形芸術学校として（　㉕　）が開校する。芸術、産業、教育の一体化を目的とし、すべての芸術を建築によって統合することを目指した。初期は手工業中心であったが、のちに機械生産重視へと方向転換を図った。このことにより現在につながるインダストリアルデザインの素地が形作られた。1926年の校舎移転に伴い建設されたのが、（　㉖　）設計による（　㉗　）である。近代的材料の使用、直線的構成、装飾の否定、機能から導かれた形態、左右対称性の放棄といったこれまでの近代建築運動に見られた特徴を集約したものであり、この結果、世界中どこでも同じように建設できる（　㉘　）という特徴を備えた（　㉙　）スタイルが確立した。これにより、近代建築は一応の完成に至った。

　アメリカの建築家（　㉚　）は、アメリカに真にふさわしい住宅として大地に呼応する（　㉛　）を提案した。水平性の強調と深い軒の出による内外空間の中間領域に特徴がある。この考え方は後の代表作（　㉜　）においてさらに発展した。滝の真上に建設すること、建物の全体構成、素材の扱い、流動的な平面構成などその場所に固有の環境と一体化した建築を生み出した。
　（　㉝　）は、（　㉞　）（　㉟　）などの建築理論においても重要な提案を行ったが、建築作品としては、これらの理論を忠実に実践し、同時に建築的プロムナードの提案を行った（　㊱　）が有名である。他にも完結した一個のコミュニティとしての集合住宅である（　㊲　）、光と闇の対比が美しい（　㊳　）の教会などがある。
　「Less is More.」の言葉で有名な（　㊴　）は、初期の代表作（　㊵　）を経て、全面ガラス張り、ワンルームの（　㊶　）を提案した。これは彼が追求した究極の空間である（　㊷　）の具体化でもある。
　フィンランドの建築家（　㊸　）は、一人一人の人間を見つめたきめ細やかな計画を行うとともに地域性・風土性を建築に取り込んだ。また、アメリカの建築家（　㊹　）は、哲学的アプローチにより象徴的かつ記念碑性の高い建築を提案した。

〈問題〉 ①〜⑫の代表的な近代建築の名称を答えるとともに、関連事項を下の語群から選択せよ。

①

②

③

④

⑤

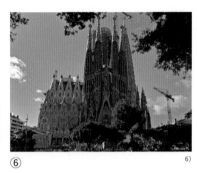
⑥

⑦

⑧

⑨

⑩

⑪

⑫

関連事項語群

a. 建築的散歩道　b.直角と三原色の原理　c.インターナショナルスタイル　d.植物のモチーフ

e.プレファブリケーション　f.未完の建築　g.滝と共に暮らす　h.中世回帰　i.革命の祝福

j.ユニバーサルスペース　k.レースのような繊細さ　l.材料の即物的利用

> **ひとことポイント**
>
> これまでに学習した知識をもとに、建築士試験の建築史に関する問題にチャレンジしてみよう。
> 若干建築物の名称が異なっていたり、学習していない事項にも触れられていますが、十分対応できるはずです。

〈問題〉次の正誤を判断せよ。（05を除く）

【二級建築士レベル】

01. クリスタル・パレス（ロンドン）は、鉄骨、ガラス等の部材の寸法を規格化し、それらを工場でつくるプレファブリケーションの手法を用いて建築された、ロンドン万国博覧会（1851年）の展示館である。

02. サヴォア邸（パリ郊外ポワシー）は、中央コア部分以外に間仕切壁をもたず、外壁が全てガラスで覆われた住宅である。

03. 落水荘（アメリカ・ペンシルヴェニア州）は、滝のある渓流の上に2層の床スラブが張り出し、周囲の自然を眺められるように意図された住宅である。

04. ロンシャン教会堂は、コンクリートの持つ重量感を巧みに引き出し、彫刻作品を思わせる独創的な建築物である。

05. 住宅作品とその設計者との組合せとして、最も不適当なものは、次のうちどれか。

    1. ファンズワース邸（アメリカ）　　ミース・ファン・デル・ローエ
    2. 母の家（アメリカ）　　　　　　　ロバート・ヴェンチューリ
    3. ロビー邸（アメリカ）　　　　　　フランク・ロイド・ライト
    4. サヴォア邸（フランス）　　　　　ル・コルビュジエ
    5. シュレーダー邸（オランダ）　　　ルイス・カーン

【一級建築士レベル】

06. **アーツ・アンド・クラフツ運動**は、手仕事とデザインを結びつけて生活と芸術を統一することを主な目的とし、アントニ・ガウディが主導したデザイン運動である。

07. **アール・ヌーヴォー**は、19世紀末にヨーロッパで流行した新しい装飾美術の様式であり、有機的な自由曲線の組み合わせを鉄やガラス等を用いて作り出している。

08. ル・コルビュジエは、「近代建築の5原則」として、ピロティ、屋上庭園、自由な平面、水平連続窓、自由なファサードを提示した。この原則を具現化させた作品は、ファンズワース邸である。

09. キンベル美術館は、フランク・ロイド・ライトによって設計された美術館で、吹き抜けに面した螺旋状の展示空間が特徴である。

10. パイミオのサナトリウムは、アルヴァ・アアルトよって設計された結核患者が療養するための病院で、合理的で明快なゾーニングと風土に根ざしたヒューマン・デザインが特徴である。

11. シドニーオペラハウスは、国際コンペによって選ばれたヨーン・ウッツォンが設計したオペラハウスで、円弧のシェル群によるシンボリックな造形が特徴である。

12. マルセイユのカサ・ミラは、ル・コルビュジエによって設計されたピロティのある高層の集合住宅であり、建築物内には住戸に加えて、店舗、ホテル、屋上庭園等の機能がある。

13. ウィーン郵便貯金局（オーストリア、1906年）は、機械生産による低品質な製品を否定し、工業化社会における芸術性を中世的な手工芸に求めたアーツ・アンド・クラフツ運動を背景としている。

14. シュレーダー邸（オランダ、1924年）は、対象を幾何学によって客観的かつ普遍的に表現するために、要素を水平・垂直の線や面で構成し、三原色と無彩色を使用するデ・ステイルを背景としている。

15. タッセル邸（ベルギー、1893年）は、植物の茎や葉、長い髪などの自然物をモチーフとした非対称な曲線や曲面を造形に用いたアール・デコを背景としている。

日本建築史 3

全体を眺めてみよう！

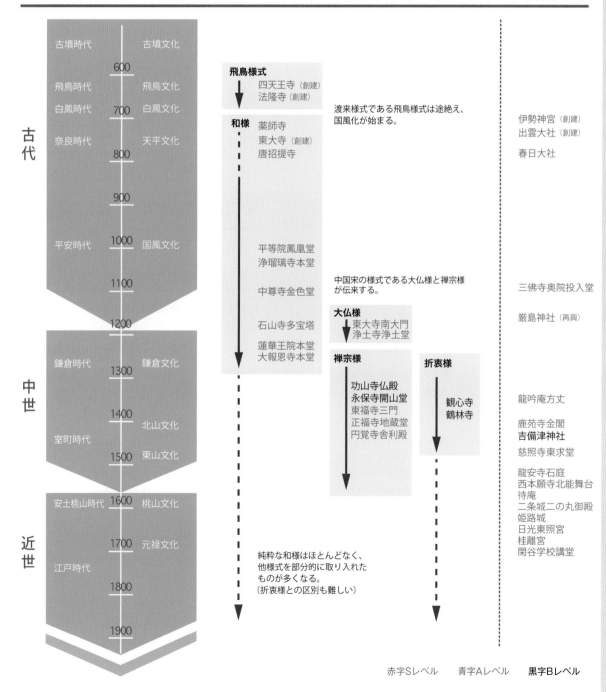

時代区分	主要文化	建築様式（主に仏教寺院）と代表建築物	その他代表建築物

古代

中世

近世

古墳時代 — 古墳文化

600

飛鳥時代 — 飛鳥文化

700 — 白鳳時代 — 白鳳文化

奈良時代 — 天平文化

800

900

1000 — 平安時代 — 国風文化

1100

1200

鎌倉時代 — 1300 — 鎌倉文化

1400 — 北山文化

室町時代 — 1500 — 東山文化

安土桃山時代 — 1600 — 桃山文化

1700 — 元禄文化

江戸時代 — 1800

1900

飛鳥様式
四天王寺（創建）
法隆寺（創建）

和様
薬師寺
東大寺（創建）
唐招提寺

平等院鳳凰堂
浄瑠璃寺本堂

中尊寺金色堂

石山寺多宝塔

蓮華王院本堂
大報恩寺本堂

大仏様
東大寺南大門
浄土寺浄土堂

禅宗様
功山寺仏殿
永保寺開山堂
東福寺三門
正福寺地蔵堂
円覚寺舎利殿

折衷様
観心寺
鶴林寺

渡来様式である飛鳥様式は途絶え、国風化が始まる。

中国宋の様式である大仏様と禅宗様が伝来する。

純粋な和様はほとんどなく、他様式を部分的に取り入れたものが多くなる。
（折衷様との区別も難しい）

伊勢神宮（創建）
出雲大社（創建）

春日大社

三佛寺奥院投入堂

厳島神社（再興）

龍吟庵方丈

鹿苑寺金閣
吉備津神社

慈照寺東求堂

龍安寺石庭
西本願寺北能舞台
待庵
二条城二の丸御殿
姫路城
日光東照宮
桂離宮
閑谷学校講堂

赤字Sレベル　　青字Aレベル　　**黒字Bレベル**

もっと知りたい!

学びのポイント

神社建築とは日本古来の土着信仰である「神道」に基づく神を祀る建築物である。

当初は社殿を持たず、自然物崇拝であったが、農耕儀礼のための仮設的段階を経て、神社建築が始まったともされる。初期の神社建築は、仏教寺院と異なり、高床式倉庫など日本古来のデザインを用いた。

■ 神社建築の原型ともいうべき古代に成立した伊勢神宮、出雲大社、住吉大社、春日大社、賀茂神社について歴史的背景や神道的な思想的背景とともに建築的特質を学ぼう。

▶初期神社建築の代表的事例

1 伊勢神宮

・「アマテラス」を祀る最も格式の高い神社。

・20年ごとに建て替える「式年遷宮」の制度を守り続ける。神道においては、時間とともに衰え穢れていくと考え、生命力を更新するという目的で行われる。(常若の思想)

・次の世代へと建築技術を継承する上でも、理想的な制度とされる。

2 出雲大社

・「オオクニヌシ」を祀る巨大神社。

・現在は8丈（約24m）の高さであるが、当初は倍の16丈（約48m）であったとされる。神話によると、「国譲り」と引き換えに巨大な社殿が建てられたとされる。

・左右非対称かつ「奥性」が感じられる本殿の平面計画。

3 春日大社

・井桁に組んだ土台の上に柱が建ち、小型の棟が4棟横に並ぶ。

・神道における神の移動性の表現であり、建物そのものを移動させることを意図したとも考えられている。祭りの「神輿」の原型とも言われる。

4 住吉大社

・古式に則った神社。格式の高さは、大嘗祭の正殿と平面計画が類似していることからもうかがえる。

・屋根は直線的であり、外壁は、軸部を丹塗りの朱色とし、他は胡粉塗りの白色である。　.

5 賀茂別雷神社（上賀茂神社）

・賀茂御祖神社（下鴨神社）とともに全国に広まった流造による社殿。

・反りを持った屋根の片側を長く伸ばすことにより向拝と呼ばれる庇を設ける。

より深く!

自然物崇拝

八百万の神と言われるように、神道においては、神はすべてのものに存在すると考えられており、特に際立った特徴を持つ自然物には神が宿りやすいとされた。巨大な岩（磐座）、巨木、山（神体山）、島など多様である。現在でも、大神神社（奈良）のように、自然物を御神体とし本殿を持たない神社もある。

高床式倉庫をモデルとした、日本古来の素朴な形。
敷地内は、塵一つなく掃き清められ、清浄そのものである。また、四重の垣で囲われ、聖性が強調されている。

全く同じ敷地が隣り合って2つ用意されている。20年ごとに交代で社殿を建設する。

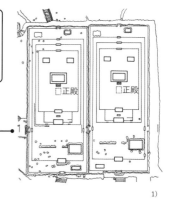

1)

伊勢神宮

現在の本殿は24mの高さであるが、当初は倍の高さであったとされる。

伊勢神宮と異なる妻入。屋根の反りも仏教の影響による後世の変更であろう。

複雑なアプローチにより奥深さを感じさせることで聖性を強調する（内殿の御神体を海のある西に正対させるためなど諸説ある）。

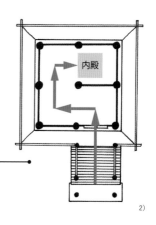

2)

出雲大社

本殿は4棟からなる

希少な本朱による深みのある朱塗。

井桁に組んだ土台の上に柱が建つ。

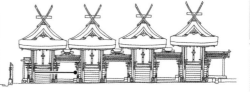

4柱の御祭神を祀る小型の4棟が、横一列に並ぶ。敷地は微妙に傾斜しているが、御蓋山を御神体と考えて、元の地形を尊重し、地面を平坦に均すことはしていない。

春日大社 3)

屋根には全く反りがなく直線的で古式である。

本殿は、東本殿と写真左の西本殿からなる。

屋根を伸ばすことで向拝（庇）を作る。

春日大社と同様に足元は井桁に組んだ土台の上に柱が建つ。

朱塗　胡粉塗

住吉大社

賀茂御祖神社（下鴨神社） 4)

3-1-2 神社建築の展開

もっと知りたい！

学びのポイント

神社建築は多様な発展を遂げた。いくつかの視点に分けて整理してみよう。
- **1** 神仏習合の影響により、仏教寺院のデザインを積極的に取り入れたもの
- **2** 実在の人物の墓としての意味合いを持つ霊廟建築
- **3** 敷地の可能性を引き出し、美しい風景を作り出したもの

▶代表的事例

仏教寺院の影響を受けた事例

一般的には、屋根の反り、入母屋系屋根の採用、木部の彩色、礎石上の柱などの特徴がある。

1 宇佐神宮
- 切妻造平入の2棟が前後に並ぶ形式で、寺院建築の双堂（ならびどう）に類似する。

2 日吉大社
- 神仏習合により比叡山延暦寺と一体化。
- 下殿（げでん）と呼ばれる床下の空間や屋根の独特な形状に特徴がある。

3 吉備津神社
- 特異な平面形式を持つ巨大神社。細部意匠にも仏教寺院の影響が見られる。
- 亀腹（かめばら）の上に建ち、比翼入母屋造（ひよくいりもやづくり）と呼ばれる美しい屋根を持つ。

4 八坂神社
- 元は寺院の境内に建てられた神社であり、仏教寺院建築の影響が大きい。
- 平面は、巨大かつ複雑で、入母屋造の屋根のもとに諸空間が収められている。

霊廟建築としての事例

神話上の神ではなく、実在の人物を神として祀ることもしばしば行われた。

5 日光東照宮
- 徳川家康を「東照大権現（とうしょうだいごんげん）（アズマテラス）」として神格化して祀る。
- 霊廟建築の代表例であり、本殿と拝殿を石の間でつなぐ**権現造（ごんげんづくり）**を採用。
- **陽明門**に代表される豪華な装飾性が特徴。

敷地と調和した独特な風景を見せる事例

元来自然物崇拝であった神道においては、御神体としての山や海などは尊重され、時として美しい風景を見せる。

1 嚴島神社
- 古くは島そのものが御神体であったが、飛鳥時代に社殿が創建されたと伝わる。
- 平安時代末期の寝殿造の影響を受けたとされ、回廊を巡らす構成で、海に突き出すように建てられている。
- 潮の干満により劇的に風景が変化し、自然と調和した美しさを見せる。日本三景の一つとしても有名。

2 伏見稲荷大社
- 本殿は流造であるが、背後の稲荷山へと連なる1万基以上の**千本鳥居**が特に有名。

宇佐神宮 [1]

綯破風（すがるはふ）と呼ばれる独特の形態を持つ屋根。

外院（右手前）と内院（左奥）とが前後に並ぶが、寺院建築の双堂と異なり、2棟いずれも神の領域である。

下殿は下級の僧が参籠した空間と言われる。

日吉大社

吉備津神社 [2]

比翼入母屋造の屋根。軒先の水平に伸びるラインが美しい。

軒の深い入母屋屋根により寺院建築のように見える。

白漆喰を饅頭型に盛り上げた亀腹

八坂神社

日光東照宮 [3]

陽明門や唐門では、豪華絢爛かつ精緻な彫刻群を見ることができる。

寄進された夥しい数の千本鳥居が稲荷山の頂上に向かって幻想的な風景を作り出す。

伏見稲荷大社 [4]

嚴島神社 [5]

平清盛による修造によって現在のような姿となった。

島の入江に突き出すように建設されている。

屈曲を繰り返す回廊。満潮時は回廊下にまで水位が上昇する。

[6]

3章　日本建築史

もっと知りたい！

学びのポイント

神社建築は多彩であるが、ある程度形式別に分類することができる。
1 神社建築の形式別分類について平面、屋根、柱などの特徴を踏まえて整理して学ぼう。
2 神社建築特有の意匠（千木、鰹木、鳥居）について学ぼう。

▶神社建築の形式

平面形式

- 本殿の平面形式は、1室空間の単純なものから、外陣と内陣や、外院と内院のように内部空間が複数の室に分化した複雑なものまで規模も含めて多様である。
- 出入口のつけ方により「妻入（つまいり）」と「平入（ひらいり）」に区別することができる。（→p.114）

屋根の形式 （→p.114）

- 神社の屋根は一般に植物で葺かれた切妻屋根とされることが多い。

  これは、モデルとなった高床式倉庫や宮殿に倣ったもので、仏教寺院に対してより日本的なデザインが意図されたことによる。時代が下るにつれ仏教寺院に多く見られる入母屋屋根が採用される例も出てくる。また、屋根に反りが出てきたり、瓦屋根を用いるのも仏教寺院の影響とされる。

- 屋根を外側に長く伸ばすことにより庇（**向拝**と呼ぶ）が生まれる。向拝の下の空間は、参拝空間へと発展していく。

柱の形式

- ほとんどは礎石の上に柱を立てる「礎石建（そせきだて）」であるが、古式に則った「掘立柱（ほったてばしら）」や「井桁に組んだ土台上に柱を載せるもの」もある。また、柱を含む軸部を朱などで彩色したものもある。

▶神社建築の意匠

千木（ちぎ）　屋根の上部で交差させた部材
鰹木（かつおぎ）　屋根の上に棟と直交して並べられた部材

すべての神社で採用されているわけではないが、屋根に設けられる神社建築を象徴するデザインである。

元来は、屋根を補強するための部材だったものが、装飾化したと考えられている。

鳥居

- 神社建築に付随する施設として鳥居がある。鳥居は俗界と神域の境界を示す働きを持つ。
- 明神鳥居系（みょうじん）と神明鳥居系（しんめい）に大きく分類できるが、特殊な形状のものも存在する。

より深く！

神域の構成と聖性の表現

神の領域の構成や「聖性」を表現する上でさまざまな工夫が見られるが、以下の点に着目するとよい。

- 結界としての役割を果たす「鳥居」「玉垣」「門」の配置や「川」との関係
- 敷地外の神体山など聖性を指し示す方向性や軸性
- 神が複数祀られる場合は、それらを祀るそれぞれの建物（本殿・正殿など）の位置関係
- 式年遷宮や神の移動性を意識した建築計画

神社形式分類表

形式名称	出入	屋根	屋根材	反り	向拝	柱	軸部彩色	代表例
神明造	平入	切妻	茅葺	なし	なし	掘立柱	なし	伊勢神宮
大社造	妻入	切妻	檜皮葺	あり	なし	礎石建	なし	出雲大社
住吉造	妻入	切妻	檜皮葺	なし	なし	礎石建	あり	住吉大社
春日造	妻入	切妻	檜皮葺	あり	あり	井桁上に柱	あり	春日大社
流造	平入	切妻	檜皮葺	あり	あり	井桁上に柱	なし	賀茂別雷神社、賀茂御祖神社
八幡造	平入	切妻	檜皮葺	あり	あり	礎石建	あり	宇佐神宮、石清水八幡宮
日吉造	平入	入母屋	檜皮葺	あり	あり	礎石建	なし	日吉大社
権現造	平入	入母屋	瓦葺、檜皮葺	あり	あり	礎石建	あり	日光東照宮、北野天満宮

伊勢神宮

平入の単純な平面でありながら、棟を直接支える棟持柱、床下にある心御柱などが特徴的。

出雲大社

妻入の正方形平面であるが、右奥に内殿を配す左右非対称の平面。

住吉大社

前方に外陣、後方に内陣。前後2室に分かれる。

春日大社

妻入で前方に向拝がつく。

賀茂別雷神社

平入で前方に向拝がつく。

宇佐神宮

外院と内院の2棟を前後に連結。

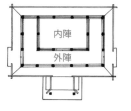

日吉大社

3方向に庇が伸び、後方のみ庇がない。

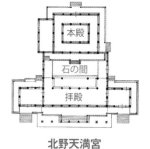

北野天満宮

前方の拝殿と後方の本殿を石の間でつなぐ。

代表的な神社本殿の平面図 [1] （縮尺は統一されていません）

千木

鰹木

千木と鰹木

明神鳥居

最上部の横木（笠木）に反りがあり朱塗りされることが多い。

神明鳥居

素朴かつ直線的な形態。

3章 日本建築史

3-2-1 初期仏教寺院

もっと知りたい！

▋ 学びのポイント ▋

・仏教寺院とは仏教に基づく仏（神）を祀る建築物である。
・インドで**ブッダ（釈迦）**により創始された仏教は、中国、朝鮮を経て、6世紀中頃日本に伝わった。
・ここでは、初期仏教寺院を便宜上6世紀末から8世紀半ばごろまでの南都六宗の寺院として扱う。

1 当初は、朝鮮の仏教寺院をそのまま見倣って建てていたが、特に伽藍配置（仏教寺院における主要な建物の配置）に見られる日本的な変化の特徴について学ぼう。
2 伽藍配置の過渡期に位置付けられる法隆寺については特にその建築的質を理解しよう。

▶伽藍配置の変化

・初期仏教寺院における主要建築物は、塔、金堂、講堂であり、これらの配置が重要である。

塔	仏舎利（釈迦の骨）を収める墓としての役割を持つ。
金堂	仏像（特に本尊となる仏像）を祀るための建物。
講堂	僧侶が講義や説法を行うための建物。

・塔中心の伽藍配置から、金堂中心の伽藍配置へと変化する。

▶初期仏教寺院の代表的事例

1 法隆寺 （→p.118,119）
・現存する世界最古の木造建築である。（現在のものは7世紀後半に建てられた2代目とする説が有力である）
・塔と金堂を左右に並置する左右非対称の独特の伽藍配置は塔と金堂の重要性が等価であることを示すが、そのことで崩れてしまう視覚的バランスを、中心軸をずらすことにより補正している。

2 東大寺
・現存する日本最大の仏教寺院である。現在は3代目であり、初代はさら巨大であった。（幅が1.5倍）
・仏教に深く帰依した聖武天皇と光明皇后により、仏教で国を治めるために造立された寺院である。
・高さ15mにもおよぶ大仏（盧遮那仏）を祀るための大きさである。

3 薬師寺
・金堂を中心に、東西に2つの塔を配する。塔と金堂の重要性が完全に逆転したことがよくわかる。
・三重の塔は、屋根と裳階を交互に重ねたリズミカルかつ均整の取れた美しい姿を見せる。

4 唐招提寺
・高僧鑑真ゆかりの寺である。
・金堂の寄棟屋根のおおらかで優美な姿は注目に値する。

より深く！

崇仏派と排仏派の抗争

仏教を積極的に導入しようとする蘇我氏を中心とする一派と、従来の神道を守り仏教を排斥しようとする物部氏を中心とする一派が争い、最終的には崇仏派が勝利した。
この際、聖徳太子が勝利を願って四天王像を彫り、実際に勝利して四天王を祀るために建てたのが四天王寺であるとされる。

伽藍配置の変化

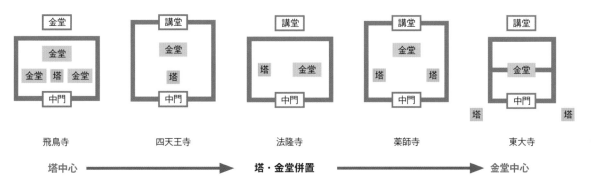

飛鳥寺 — 四天王寺 — 法隆寺 — 薬師寺 — 東大寺

塔中心 ➡ 塔・金堂併置 ➡ 金堂中心

主要寺院の伽藍配置の変遷

初期仏教寺院の代表事例

塔と金堂を左右に併置する配置。

中門の中心軸

全体のバランスを保つため、中門の位置を回廊全体の中心軸から若干左にずらしている。

五重塔 / 経蔵 / 中門 / 金堂 / 鐘楼

回廊全体の中心軸

法隆寺 [1]

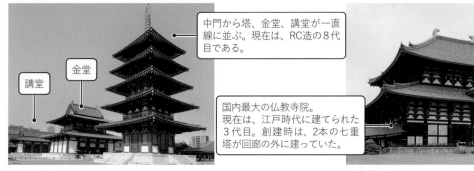

中門から塔、金堂、講堂が一直線に並ぶ。現在は、RC造の8代目である。

講堂 / 金堂

国内最大の仏教寺院。現在は、江戸時代に建てられた3代目。創建時は、2本の七重塔が回廊の外に建っていた。

四天王寺

東大寺

優美な曲線を描く金堂の寄棟屋根。

薬師寺 [2]

金堂が中央に、2本の塔が左右に並ぶ。

裳階

屋根と裳階が交互に積み上がる美しい三重の東塔。

唐招提寺

3章 日本建築史

もっと知りたい！

学びのポイント

・日本における密教とは、**空海の真言宗、最澄の天台宗**である。
・神秘主義的側面が強く、加持祈祷などの儀式を重んじる。
・神道における山岳信仰と結びつき、**修験道**にも影響を与えた。
・宇宙そのものを**大日如来**の化身と考え、曼荼羅により表現する。
　1 上記の考え方に影響を受けた密教寺院の全般的な建築的・空間的特質について学ぼう。
　2 三佛寺奥院投入堂、石山寺、室生寺、東寺などの代表的事例について理解しよう。

▶密教寺院の建築的特質

①山岳伽藍の建設　　平地ではなく、山深い場所に伽藍を建てる。山上伽藍とも呼ぶ。
②懸造（かけづくり）　　　急峻な斜面に建設するための特殊な構造。
③多宝塔　　　　　密教寺院において建てられる二層塔。
④礼堂（らいどう）　　　　　読経や礼拝のための空間が、仏像を祀る正堂とともに一つ屋根の下に作られる。
⑤立体曼荼羅　　　元来は絵図である曼荼羅を、仏像群によって表現する。

▶密教寺院の代表事例

1 金剛峯寺（こんごうぶじ）・延暦寺（えんりゃくじ）

・密教においては、山岳信仰により街中の平地だけでなく、山深い場所に伽藍を建設するようになった。
・真言宗総本山の金剛峯寺は高野山、天台宗総本山の延暦寺は比叡山のいずれも山深い場所に巨大な伽藍
　が存在する典型的な山岳伽藍である。

2 三佛寺奥院投入堂（さんぶつじおくのいんなげいれどう）

・断崖絶壁の小さな窪みに張り付くように建てられている。
・床下の柱を長く伸ばして支える急峻な斜面に建設するための特殊な構造を**懸造**という。
・有名な**清水寺**の舞台は、懸造が巨大化したものである。

3 石山寺

・下層が四角形平面、上層が円形平面の二層の塔を**多宝塔**という。日本独自の塔である。
・石山寺多宝塔が有名であるが、他に根来寺（ねごろじ）大塔、金剛三昧院（こんごうさんまいいん）多宝塔などがある。

4 室生寺（むろうじ）

・金堂は、正堂前面に庇を付け足しその下に**礼堂**が設けられており、読経や礼拝のための空間としている。
・屋外としては最小の五重塔（高さ16.1m）がある。

5 東寺（とうじ）（教王護国寺（きょうおうごこくじ））

・官寺として建立が始められた後、空海（弘法大師）に下賜され、以後真言密教の根本道場として栄えた。
・講堂内部は仏像群による<u>立体曼荼羅</u>が展開される。（曼荼羅とは密教における宇宙観・世界観を絵図によ
　り表したものである。）（→p.94,95）

役行者が麓から投げ入れたという伝説が名称の由来。

長く伸ばした柱と筋交によって支えるアクロバティックな構造。

三佛寺奥院投入堂 1)

巨大化した懸造。

清水寺 2)

現在の屋根は寄棟造で、礼堂上部に縋破風が付く。

礼堂

礼堂部分の床下は一段下り、懸造となっている。

室生寺金堂

屋根は下部の構造とは関係なく全体にかけられる。

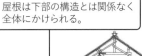

正堂　礼堂

断面図 3)

多宝塔の形式は日本独自のものである。

上層は円形平面。

亀腹

初層は方形(四角形)平面。

石山寺多宝塔

中央に5体の如来、その左右に5体の菩薩と5体の明王。さらにそれらを取り囲んで6体の天部。計21体の仏による立体曼荼羅。

広目天 ◯◯◯◯　◯◯　◯◯◯◯ 多聞天

◯ 不動明王 ◯　◯ 大日如来 ◯　◯ ◯

増長天 ◯◯◯◯　◯◯　◯◯◯◯ 持国天

五大明王　五智如来　五大菩薩

曼荼羅は、大日如来を中心とした諸仏の配置により表現される絵図であるが、これを仏像により具現化したものを立体曼荼羅と呼ぶ。

東寺講堂内立体曼荼羅仏像配置図

より深く！

ボロブドゥール

インドネシアの仏教遺跡ボロブドゥールは世界遺産にも登録されており有名である。内部空間はないが、基壇の上に何層にも積み重なった階段ピラミッド状の全体構成は、建築物そのものが密教の影響を受けた巨大な立体曼荼羅だとされる。

4)

3-2-3 浄土教寺院

もっと知りたい！

学びのポイント

・末法思想により、もうすぐ世が滅ぶと考えられていた（11世紀前半ごろ）。
・当時の人々は現世よりも来世つまり死後の救いを求め、阿弥陀如来を信仰すれば極楽浄土（西方浄土）に迎えられると考えた。これを浄土信仰（浄土教）という。
・浄土教は特定の宗派ではないが、その思想は浄土宗、浄土真宗へと発展し引き継がれていく。
　1 極楽浄土を再現する浄土教寺院の全般的な建築的・空間的特質について学ぼう。
　2 平等院鳳凰堂、浄瑠璃寺、中尊寺金色堂などの代表的事例について理解しよう。

▶**浄土教寺院の建築的特質**
　①阿弥陀如来を祀る阿弥陀堂の建設
　②極楽浄土を建築だけではなく庭園（浄土式庭園）も含めた風景として表現

▶**浄土教寺院の代表的事例**
1 **平等院鳳凰堂**
　・藤原頼通により、地上に極楽浄土を再現すべく建立された。
　・対岸から池を介して西方に臨むことにより、あたかも西方の別世界に現れた極楽浄土（西方浄土）のように見ることができる。
　・阿弥陀堂の内部も阿弥陀如来像、雲中供養菩薩像、来迎図などにより極楽浄土が表現される。
2 **浄瑠璃寺**
　・池を挟んで、西側に長大な九体堂、東側に三重塔が建つ。
　・九体堂には、極楽浄土の教主として人間の9つの格付け（九品）に対応した九体の阿弥陀仏が祀られる。
　・三重塔内部には、東方浄瑠璃浄土の教主である薬師如来が祀られる。
　・現世の苦しみを薬師如来に取り去ってもらった上で、死後、極楽浄土に迎えられることが意図される。
3 **中尊寺金色堂**
　・奥州藤原氏の栄華と権勢を伝える阿弥陀堂建築。
　・正方形平面の中央に阿弥陀如来を祀り、同時に多数の仏を従える平面計画。
　・工芸的にも漆塗に金箔、蒔絵、螺鈿を施した当時の技術の粋を集めた作品。
4 **白水阿弥陀堂**
　・浄土式庭園を伴った阿弥陀堂建築。
　・現在は池に向かって南面して建つが、当初は、池の中島に建っていたとされる。
5 **法界寺阿弥陀堂**
　・浄土式庭園は伴わないが、規模の大きい阿弥陀堂建築。
　・中心の阿弥陀如来の周りを念仏を唱えながら巡り歩く常行三昧に適した形式。

極楽浄土は西方浄土と言われ、西のはるかかなたにあると信じられていた。

池を挟むことにより別世界的な感覚を生み出すとともに、池に映る建物の姿が浄土的な雰囲気を醸し出す。

平等院鳳凰堂 [1]

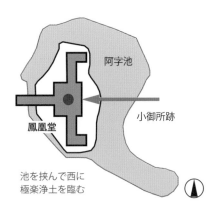

阿字池

鳳凰堂

小御所跡

池を挟んで西に極楽浄土を臨む

薬師如来を参り、現世の苦しみを取り去ってもらう。

↓

自身の九品（くほん）に対応した阿弥陀如来を礼拝することで、死後、極楽浄土に迎えられる。

浄瑠璃寺九体堂 [2]

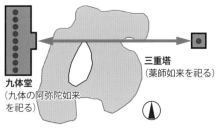

九体堂
（九体の阿弥陀如来を祀る）

三重塔
（薬師如来を祀る）

池を挟んで西に極楽浄土、東に浄瑠璃浄土を臨む

金色堂は、保護のために全体が覆堂（おおいどう）によって包まれている。

全面に金箔が押され、きらびやかな内陣とともに極楽浄土が表現されている。
多数の仏像配置構成も独特であり、奥州藤原氏の霊廟としての役割も担っている。

正方形平面（厳密には方三間（ほうさんげん）の一間四面堂（いっけんしめんどう）という）に宝形（ほうぎょう）屋根の典型的な阿弥陀堂建築。

中尊寺金色堂 [3]

白水阿弥陀堂 [4]

より深く！

末法思想

釈迦の入滅後、段階的に世の中が悪くなっていくという考えを末法思想という。

正法（しょうぼう）の時代　釈迦が説いた正しい教えが世で行われ修行して悟る人がいる時代
像法（ぞうぼう）の時代　教えが行われても外見だけが修行者に似るだけで悟る人がいない時代
末法（まっぽう）の時代　人も世も最悪となり正法がまったく行われない時代

日本では、1052年から末法の時代が始まるとされた。

もっと知りたい！

■ 学びのポイント ■

・禅宗は、インドの**達磨**が創始したが、日本では、**栄西**の**臨済宗**、**道元**の**曹洞宗**が有名。

・座禅を中心とした修行により、悟りの境地に到達することを目指す。

・美術、茶道、武道など日本文化に与えた影響が大きい。

　1 伽藍配置、方丈の建設、枯山水式庭園など禅宗寺院の全般的な建築的・空間的特質について学ぼう。

　2 詰組、花頭窓など禅宗様と呼ばれる禅宗寺院の意匠について学ぼう。（→p.114〜119も参照のこと）

▶禅宗寺院の建築的特質

①伽藍配置

・禅宗寺院においては、**三門、仏殿、法堂**が一直線に並ぶ。塔は建てないことが多い。

・食堂、浴室、東司などの他の諸堂は、中心軸から外して配置される。

・大規模な禅宗寺院では、**塔頭**と呼ばれる子院が数多く存在する。

②方丈

・禅宗寺院の住職や長老が生活するための建物を方丈という。仏事も行われた。

・室中、仏間、書院などの諸室を前列後列3室ずつ並べた6室からなるのが標準的。

③枯山水式庭園

・主に禅宗寺院で発達した水を用いず、白砂と石組だけで構成された庭を枯山水式庭園という。

・白砂により川や海、石により島、山、仏、舟、動物などが「見立て」として表現され、全体としては中国の故事や理想の風景・概念などが意味される。

・散策するための庭ではなく、静かに眺めながら思いを巡らせ自分と向き合う修行のための庭である。

▶禅宗寺院の意匠

禅宗寺院で用いられる意匠は**禅宗様**と呼ばれ、鎌倉時代初頭（13世紀前半）に中国から伝わった様式である。数多くの特徴があるが、以下に主たる特徴を挙げる。

・屋根の反りが大きく、垂木には扇垂木を用いる。（平行垂木も併用）

・組物を柱の上だけではなく、柱間にも入れる。（**詰組**）

・桟唐戸、海老虹梁の使用。四半敷きの床。

・**花頭窓**、弓欄間などの細部デザイン

代表的な大規模禅宗寺院としては、臨済宗では、鎌倉の建長寺、円覚寺、京都では、大徳寺、南禅寺、東福寺、建仁寺、妙心寺など多数ある。また、金閣（鹿苑寺）、銀閣（慈照寺）は相国寺の境外塔頭と位置付けられる。曹洞宗では、永平寺（福井県）、瑞龍寺（富山県）などが有名である。

より深く！

黄檗宗

黄檗宗は、江戸時代初期、**隠元**により伝えられた禅宗の一派である。インゲンマメ、スイカ、レンコンなどの野菜や煎茶道なども伝えた。京都宇治近郊の**萬福寺**を本山とし、長崎の**崇福寺**も国宝建築として有名。

建築様式としては、中国（明）の様式の影響がそのまま日本化されずに残っており、異国風である。

禅宗寺院の建築的特質

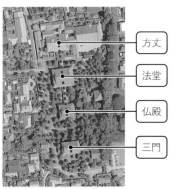

方丈
法堂
仏殿
三門

大徳寺伽藍主要部配置図 [1]

大規模な禅宗寺院では、主要部はほんの一部であり、他は、数多くの塔頭寺院で占められる。

大徳寺は、広大な寺域の中に24の塔頭寺院を抱える。

: 寺域
○ 塔頭 　 : 伽藍主要部

大徳寺の塔頭 [2]

禅宗寺院では、入口に三門が建てられる。

この室は後世の方丈では仏間となる。

日常生活の場である**書院**、勤めを行う**室中**、仏像や祖師像、位牌を祀る**仏間**などの室から構成される。
もともとは、方一丈（一丈四方）、つまり、約3m四方の四畳半の大きさの部屋のことで、方丈はのちに書院造、茶室の成立にも関わる重要な概念である。

書院
室中（しっちゅう）

東福寺三門 [3]

現存最古の方丈（**東福寺龍吟庵**）平面図 [4]

いずれも有名な枯山水式庭園の事例。

「虎の子渡し」「大海に浮かぶ島々」「雲海から覗く山々の頂き」などさまざまな解釈を許容する抽象的な庭。

蓬莱山から流れ出た水流が、川となり、最後は大河となって海へと辿り着く河の一生を表現しているとされる。

龍安寺石庭

大徳寺大仙院

禅宗寺院の意匠

屋根の反りが大きい。
詰組
桟唐戸

永保寺開山堂

弓欄間
花頭窓
桟唐戸

禅宗寺院の意匠（酬恩庵一休寺）

発展学習 ⑥ 仏像と仏画

▶仏像について

- 当初仏教は偶像崇拝を行わなかったが、インドにおいて紀元1〜2世紀頃から仏像が作られるようになる。日本では、7世紀末頃から盛んに作られ、仏の種類、制作方法、作風など時代ごとに多様である。

- 仏の種類として、次の4種類を押さえておくとよい。

1	如来	悟りを開き、真理に到達した者。
2	菩薩	悟りを求める修行者。
3	明王	怒りで悪を打ち砕く。密教だけの仏。
4	天部	様々に人を助ける。元はインドの神であり、仏教に取り入れられた。

①如来

- 釈迦如来　　　最初に悟りを開いた仏教の創始者ブッダ（釈迦）。
- 阿弥陀如来　　極楽浄土（西方浄土）の教主。人々を死後、極楽浄土へと導く。
- 大日如来　　　宇宙そのものとされる仏。密教においては最高仏とされる。
- 薬師如来　　　浄瑠璃浄土（東方浄土）の教主。人々を病や煩悩から救う。

②菩薩

- 弥勒菩薩　　　釈迦入滅の56億7000万年後、如来となって人々を救う。
- 観音菩薩　　　観世音菩薩の略称。慈悲の仏。勢至菩薩とともに阿弥陀如来の脇侍。
- 地蔵菩薩　　　大地の母胎であり、すべての衆生を救う。一般的には子供の守り仏とされる。

他に、日光・月光菩薩、文殊・普賢菩薩などがある。

③明王

- 不動明王　　　人々の煩悩や悪を憤怒の炎により打ち砕く。

他に、愛染明王、孔雀明王、金剛夜叉明王などがある。

④天部

- 持国天、広目天、増長天、多聞天（以上まとめて**四天王**）
　　　　　　東西南北の四方位に対応し、四方から仏法を守護する。
　　　　　　多聞天が単独で祀られる場合は、毘沙門天と呼ばれる。

他に、弁財天、大黒天、韋駄天、帝釈天、十二神将、八部衆、金剛力士・仁王などがある。
上記以外にも、羅漢や高僧、神道の神に姿を変えた垂迹神など諸仏が存在する。

大日如来坐像 [1)]

弥勒菩薩立像 [2)]

不動明王立像 [3)]

毘沙門天立像 [4)]

▶仏画について

・広義には仏教絵画全般を指すが、日本の寺院建築に関係の深いものとして以下のものがある。

①密教における曼荼羅

・大日如来を中心として描かれるが、全ての事物現象は大日如来が姿を変えたものであり、宇宙は大日如来そのものであると考える。

両界曼荼羅 5)
左　金剛界曼荼羅
右　胎蔵界曼荼羅

②浄土教における来迎図

・来迎図とは、阿弥陀如来が人々を極楽浄土に迎える様子を描いた絵画であり、末法思想の流行と浄土教の隆盛とともに盛んに描かれるようになった。

左　山越阿弥陀図 6)
右　阿弥陀聖衆来迎図 7)

③禅宗における雲龍図

・龍は八部衆の一つであり、仏法を守護し法の雨（仏法の教え）を降らすという考えから禅宗寺院においては法堂の天井に描かれることが多い。また、龍神が水を司る神であるため、火災除けの願いもこもっているとされる。仏画とは直接関係ないが水墨画も禅宗と関連が深い。

左　妙心寺雲龍図
　　狩野探幽 8)
右　双龍図　狩野山雪 9)

3-3-1 寝殿造と書院造

もっと知りたい！

■ 学びのポイント ■

・寝殿造は、平安時代の貴族の住宅様式であり、現存する遺構はないが復元予想が行われている。
・書院造は、室町時代以降に成立した主に武家の住宅様式であり、現在の和室の起源とも言える。
　1 寝殿造の建築群の全体構成および室礼と呼ばれる室内空間について学ぼう。
　2 書院造の座敷飾りや細部意匠について学ぶとともに代表的事例の特徴も知っておこう。

▶寝殿造

①全体構成

・敷地は、平安京の条坊制における当時の1町（120m×120m）の大きさが標準である。(→p.110,111)
・広大な敷地の南側に池、北側に寝殿を中心に対屋で取り囲んで建物群が建てられた。

②室内空間

・壁で囲まれた部屋としては塗籠と呼ばれる部屋があるだけ。
・それ以外は、様々な調度品や建具を用いて、必要に応じて、生活の場や儀式の場を整えていた。これを室礼という。
・御簾、屏風、衝立、几帳、蔀戸などが活用された。

▶書院造

①建築的特徴

・畳の敷き詰めを実現するため、円柱から角柱への移行、引き違い建具の発達が促された。
・装飾的な要素である座敷飾りの成立をもって書院造が完成する。
　これは「床の間」「付書院」「違棚（床脇）」から構成される。
・書院造は、格式を表現する役割を担い、大名屋敷などでは巨大な権力装置として機能した。

②代表事例

　1 慈照寺東求堂同仁斎
・書院造の原型とされる。足利義政の隠居場所として建てられた慈照寺（銀閣）東求堂内の一室である。
　2 園城寺光浄院客殿
・書院造の完成型であり、広縁に上段の間が突き出すが、座敷飾りの要素をすべて備えている。
　3 二条城二ノ丸御殿大広間
・書院造の発展型であり、格式を強く意識し、様々な設えによって徳川家の権威を示している。

より深く！

寝殿造の影響
平安時代の寝殿造の邸宅は、京都が何度も戦乱に巻き込まれたため、現存していない。
ただ、江戸時代末に再建された**御所**は、平安時代の復古様式をベースにしており、寝殿造を踏襲している。
また、宇治の平等院や、宮島の嚴島神社などの建築様式にも寝殿造の影響があったと言われる。
さらに、京の町家などに残る、夏の室礼や冬の室礼は、形こそ違え、言葉がそのまま残っただけでなく平安時代の室礼の精神が現代に残ったものと言えるであろう。

寝殿造

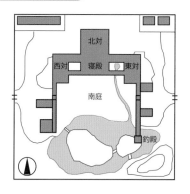

寝殿（しんでん）	主人が使う主屋
対屋（たいのや）	夫人（複数）が使う建物
	北対、東対、西対など
釣殿（つりどの）	池での遊興に用いる
南庭（なんてい）	儀式などを行う場

源氏物語で描かれた二条院推定平面モデル

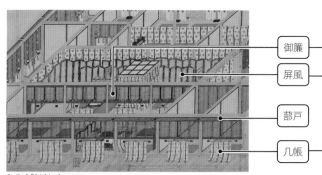

御簾
屏風
蔀戸
几帳

類聚雑要抄指図（るいじゅうぞうようしょう）に見られる室礼 [1]

天皇の日常の御座
「昼の御座（ひのおまし）」

京都御所清涼殿内部 [2]

書院造

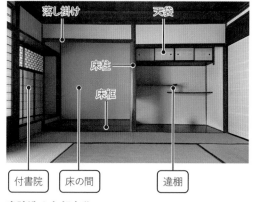

落し掛け
天袋
床柱
床框
付書院
床の間
違棚

書院造の各部名称

4畳半の小さな部屋であるが、床の間はなく、違棚を左に、付書院を正面に設ける変則的な配置である。

違棚
付書院

慈照寺東求堂同仁斎 [3]

折上格天井
（おりあげごうてんじょう）
二重折上格天井
非常に格式の高い天井である。

付書院
床の間
違棚

二条城二ノ丸御殿大広間 [4]

徳川将軍の京都における滞在場所である二条城。二ノ丸御殿の大広間は一の間、二の間合わせて92畳敷きの巨大な室内空間である。

床のレベルや天井のスタイルの違いなどにより明確に身分による格式が区別されている。

帳台構（ちょうだいがまえ）
規模の大きい書院造で設けられる。

もっと知りたい！

■ 学びのポイント ■

・千利休により大成された茶の湯。
・茶の湯を介して、主人と客が対峙する一期一会（いちごいちえ）の場として草庵風茶室が完成する。
・千利休の死後、古田織部や小堀遠州などにより書院風茶室が成立する。
　1 千利休が完成させた草庵風茶室の建築的・空間的特質について学ぼう。
　2 千利休の死後登場した書院風茶室の建築的・空間的特質について学ぼう。
　3 茶室に付随する庭である露地（ろじ）の役割について理解しよう。

▶ 草庵風茶室

・「わび」「さび」の精神の建築化

　　　・極小の空間（原則４畳半以下で**小間**（こま）と呼ぶ）は、一期一会の出会いのための大きさである。

　　　・内向的かつ内省的な空間（外部には開かれない主人と客だけの濃密な空間）

　　　・身近な素材の利用（手近な自然素材を丁寧に組み合わせて客をもてなす）

　1 妙喜庵茶室待庵（みょうきあんちゃしつたいあん）

・千利休による設計の可能性が高い現存最古の茶室。主人と客が膝を突き合わす２畳という究極の小ささ。

　2 如庵（じょあん）

・織田有楽斎（うらくさい）（織田信長の実弟）による茶室。斜行する壁、「有楽窓」、「暦張り」などが有名。

▶ 書院風茶室

・利休の死後、弟子たちによって利休の茶を引き継ぎつつも武家の好みや格式が加味される。
・広い室内空間（原則４畳半以上で**広間**と呼ぶ）や外部に開かれた開放性などが特徴。

　3 燕庵（えんなん）

・**古田織部**（ふるたおりべ）作の相伴席（しょうばんせき）を備える茶室。草庵風をベースに書院風の要素を加味した茶室である。

　4 孤篷庵茶室忘筌（こほうあんちゃしつぼうせん）

・**小堀遠州**（こぼりえんしゅう）作の開放的な12畳の茶室。彼の美意識は「きれいさび」と呼ばれる。

▶ 露地

・茶室に付随する庭であり、茶庭とも呼ばれる。
・腰掛待合、雪隠（せっちん）、門、灯籠、飛石、蹲（つくばい）など様々なものが配される。
・茶室内における一期一会の主客の出会いに向けて、気分を整え、高めていくための装置として働く。

より深く！

茶道の流派

表千家（おもてせんけ）、**裏千家**（うらせんけ）、**武者小路千家**（むしゃこうじせんけ）の３流派を総称して**三千家**と呼ぶが、これらは、千利休の子孫が受け継いだ直系の千家流の流派である。
また、分派としては利休七哲や十哲と言われる弟子の系統から誕生したものなどがあり、薮内流（やぶのうち）、遠州流、有楽流（うらく）、石州流などが有名である。
流派による違いは多々あるが、底流には千利休の精神が息づいていることに変わりはない。

草庵風茶室

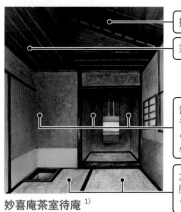

掛込天井

落天井

部屋の角や床の間は隅柱を隠して壁を塗り廻すことで、狭い中にも奥行きと広がりを感じさせる。

左に主人、右に客が座る。膝を突き合わすぐらい狭くかつ濃密な空間。

妙喜庵茶室待庵 [1]

天井のしつらえにも変化があり、空間の広がりや客への心配りが意識されている。

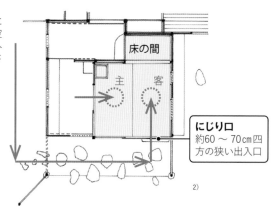

床の間

主　客

にじり口
約60〜70cm四方の狭い出入口

2)

書院風茶室

上部を障子、下部を吹き放ちとする独特の構成。内部からの視覚をコントロールするとともに、まるで船に乗り込むかのようなにじり口の役目も果たす。

孤篷庵茶室忘筌 [3]

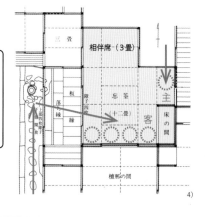

三畳

相伴席（3畳）

板／落縁／簀縁

忘筌

十二畳

主

客

床の間

檀那の間

4)

露地の構成

一つ一つの所作を積み上げていくことで、精神状態が高まっていく。

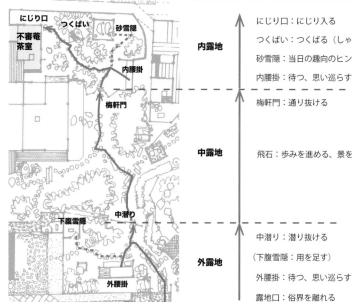

にじり口

つくばい

砂雪隠

不審菴茶室

内腰掛

内露地

梅軒門

中露地

中潜り

下腹雪隠

外露地

外腰掛

露地口

不審菴露地平面図 [5]

にじり口：にじり入る

つくばい：つくばる（しゃがみ込む）、手を洗う、口をすすぐ

砂雪隠：当日の趣向のヒントを覗き見る

内腰掛：待つ、思い巡らす

梅軒門：通り抜ける

飛石：歩みを進める、景を愛でる

中潜り：潜り抜ける

（下腹雪隠：用を足す）

外腰掛：待つ、思い巡らす

露地口：俗界を離れる

・露地が大きく発展するのは、主に千利休の死後、弟子の古田織部や小堀遠州が活躍する時代以降である。
・露地には、禅宗的な精神性を高める効果だけでなく、俗界の穢れを少しずつ落としていくという神道的な意味合いも込められている。

3-3-3 数寄屋風書院造

もっと知りたい！

▌ 学びのポイント ▌

・数寄屋とは茶室のことであり、数寄屋風書院造とは茶室風の書院造という意味である。
・武家の権威・格式を重んじた書院造に対して、主に公家の雅やかで洗練された書院造である。
　１ 書院造とは異なる茶室風の手法に裏打ちされた数寄屋風書院造の建築的特質について学ぼう。
　２ 桂離宮、西本願寺飛雲閣などの代表事例を通して、具体的特徴を確認しよう。

▶数寄屋風書院造の建築的特質

・茶室風の手法が全般的な特徴であるが、さらに具体的には以下のような特徴を備える。
　・自由な遊びの精神の反映として、対称性にこだわらない非対称かつ軽快な動きの感覚
　・形態、素材、色彩などにとことん凝った意匠およびくだけた意匠（真行草のうちの「草」のスタイル）
　・「見立て」や「やつし」など想像力を掻き立てる手法の多用。

▶代表事例

１ 桂離宮

・数寄屋風書院造の最も有名な事例であり、池泉回遊式庭園と見事に融合した美しさを見せる。
・雁行しながら連なる古書院、中書院、楽器の間、新御殿からなる書院群および興趣を異にする４つの茶室、持仏堂などが広大な敷地に池を囲むように点在する。
・ドイツ人建築家ブルーノ・タウトをして「泣きたくなるほど美しい」と言わしめた。

２ 西本願寺飛雲閣

・変化に富んだ動きを感じさせる屋根。（→p.114,115）
・池から直接船で出入りする「舟入の間」や歌詠みを題材とした「歌仙の間」など遊興を取り入れた設え。

３ 修学院離宮

・桂離宮と同じく公家の別荘建築。たなびく霞に見立てた「霞棚」と呼ばれる名棚がある。

４ 角屋

・京都の花街の一つ島原にある揚屋建築。饗宴、もてなしを意図した凝ったデザインが随所に見られる。

この他には、**三溪園臨春閣、西本願寺黒書院、曼殊院小書院**などがある。

より深く！

「数寄屋造」という名称

「数寄屋」とは「格式にとらわれず自由に意を凝らした建物」という意味で「茶室」を指すことが多い。
「数寄屋風書院造」という名称は、「茶室風のデザインを加味した書院造」という意味であり、一般に
「数寄屋造」という呼び方をする場合もあるが、その場合は茶室そのものも含むことが多い。

	「真」のスタイル	「草」のスタイル
住宅	書院造 →	数寄屋風書院造
茶室	書院風茶室 ←	草庵風茶室

「真」のスタイルである書院造は、公家の邸宅を中心に
茶室風の「草」の手法を織り交ぜた。
逆に「草」のスタイルを持つ草庵風茶室は、利休の死後、
「真」のスタイルを加味していった。

桂離宮

庭には、「天橋立」「燈台」などの見立て

庭園は、桂川の水を引き込んだ池を中心に構成されている。歩くごとに巧みに視線が誘導されつつ風景が展開するよう緻密に計算されている。

月波楼
月見のための茶室

松琴亭
正式の茶室

書院群
起り屋根や雁行配置

賞花亭
峠の茶屋の雰囲気

17世紀初頭、八条宮家智仁(としひと)親王により建設された。さらに後、智忠(としただ)親王の増築により現在のような姿となった。

園林堂
持仏堂

笑意軒
舟遊びで使う茶室

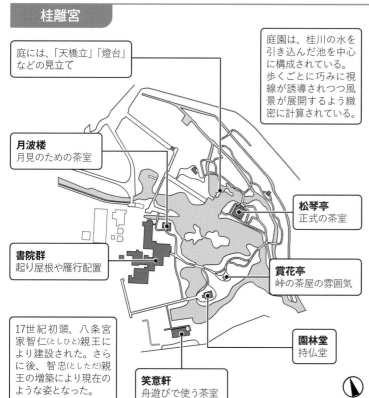

桂離宮配置図 [1]

新御殿　楽器の間　中書院

書院群 [2]
微妙に膨らんだ起り(むくり)屋根、リズミカルにズレながら連なっていく雁行配置、部材の引き締まった垂直水平性などが確認できる。

天橋立

池越しの松琴亭 [3]
見立てに満ちた庭の背後に、茅葺屋根の農家風の松琴亭が見える。

岬の燈台

その他の事例

層によって異なる屋根

破風

舟入

左右非対称かつ三層とも異なる屋根のスタイルを用い、大小様々な破風を付けることで、軽快な動きの感覚を演出している。

西本願寺飛雲閣 [4]

金泥や金箔を用いて装飾された煌びやかな雰囲気。

霞棚

修学院離宮（中御茶屋客殿）[5]

2階「扇の間」では、源氏物語をテーマとした扇面の天井や源氏香の釘隠しなど凝ったデザインが見られる。

旧紀州徳川家藩別邸。三溪園に移築された。桂離宮とならぶ数寄屋風書院造の双璧とも言われる。

角屋 [6]

三溪園臨春閣 [7]

3章 日本建築史

101

■ 学びのポイント ■

・民家とは一般庶民の住宅である。（寝殿造や書院造などのような支配者層の住宅ではない）
・大きくは、農業を営む農家、商いを営む町家に分類できる。
・民家の建築的特徴として、それぞれの地域の特性（風土性）の影響を受けやすいこと、生業に適した機能的な形態が見られることが挙げられる。
　1 農家について、その歴史的発展過程と、合掌造、曲家など地域ごとに多様な代表的事例について学ぼう。
　2 町家について、間口が狭く奥行きの深い平面形式の活用と生活に即した細部意匠について学ぼう。

▶農家の建築的特質

①古代

　・古墳時代までは主に**竪穴住居**で生活していた。後、西日本から掘立柱住居（掘立柱建物）に変わる。

　・地面を掘り下げて床面を作り、その上に屋根を直接かぶせたようなつくりを持つ。

②中世/近世

　・**三間取り**を経て**四間取り**の標準的な平面形式が確立する。

　・地域ごとにそれぞれの地勢、気候、生業などの影響を受けた特徴的な形式が生まれる。
　　1 **合掌造** がっしょうづくり

　・急勾配の屋根が特徴的。豪雪対策と広い屋根裏での養蚕に適している。岐阜県北部、富山県南部。
　　2 **曲家（曲屋）** まがりや　うまや

　・馬を飼うための厩がL字型に突出した平面を持つ。馬産地であった岩手県に残る。

▶町家の建築的特質

・間口が狭く、奥行きの深い敷地をうまく利用する。

　　通りにわを奥まで通し、各室をそれに面して並べる平面形式が一般的。

・商いと生活を両立させるための様々な工夫が見られる。

通りにわ	奥まで伸びる通路。台所の上部は吹き抜け（**火袋**）で、架構が現しとなる。
格子窓・虫籠窓 むしこまど	縦に目の細かい隙間が並んだ窓。漆喰壁の2階にあるものは虫籠窓という。
箱階段	下が収納棚となっている階段。スペースを無駄にしない工夫である。
ばったり床几 しょうぎ	商品を並べたり、腰掛として利用する。**揚見世**ともいう。 あげみせ
犬矢来・駒寄 いぬやらい	軒下に設けられるが、泥跳ね防止や泥棒よけにも役立つ。

より深く！

格子と職業

「格子」は町家を特徴付ける窓の重要なデザインであるが、昼間は外部から内部が見えにくく逆に内部から外部はよく見え、まず、視線のコントロールという面でよく考えられている。

また、デザインはその家の職業によっても異なり、縦桟の上部を透かして織物の生地を見やすくした**糸屋格子**、米俵をぶつけても大丈夫なように縦桟の幅を太くした**米屋格子**、炭が粉となっても飛び散らないように縦桟の隙間を狭くした**炭屋格子**など、職業に応じて合理的なデザインが採用されていた。

農家

竪穴住居 [1]

縄文時代以降、全国的に普及した半地下式の住居。
東日本では、平安時代まで民家形式の一つとして使われ続けた。
古墳時代には、方形平面に統一されていく。

竪穴住居の構造 [2]

棟木
梁
垂木
柱
周堤

地面を掘り下げることで、床と壁を確保し、まわりから被せるように屋根を載せる最も簡易な構法。

広間型三間取り

ドマ

前座敷三間取り

ドマ

→

四間取り

ドマ

民家の標準的平面形式の変遷

箱木家住宅

室町時代後期に成立したと推定される日本で最古の民家。屋根が大きく、軒も低い。前座敷三間取りの平面形式を持つ。

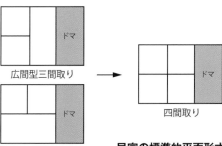

合掌造 [3]

雪を載せないための急勾配屋根。

妻面の大きな開口部は積雪時の出入口ともなる。

大きな屋根裏空間では養蚕が行われる。

曲家

芝棟
棟を土で押さえ、イチハツなどの草花を植えたもの。

厩

南部地方は馬の産地であり、馬は人間の生活に密着していた。

町 家

トオリニワ				
ミセノマ	ナカノマ	ザシキ	庭	クラ

町家平面モデル

通りにわ
台所（かまど）の上部は煙を出すための火袋となる。また火袋の架構は準棟纂幕（じゅんとうさんべき）と呼ばれ、見た目も美しい。

箱階段

虫籠窓
格子窓
駒寄
犬矢来

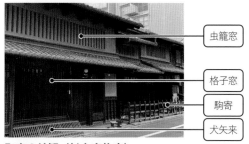

町家の外観（杉本家住宅）

ばったり床几

▶真行草について

- 建築の格式は、真行草のスタイルで区別表現されることが多い。

　「真」のスタイル　格式を重んじる正格の表現法。書院造や神社に多く見られる。

　「草」のスタイル　風雅を重んじる、崩した表現法。茶室や数寄屋風書院造、さらには民家にも見られる。

- 建築物の各部分の設えに「真」「行」「草」が設定される。

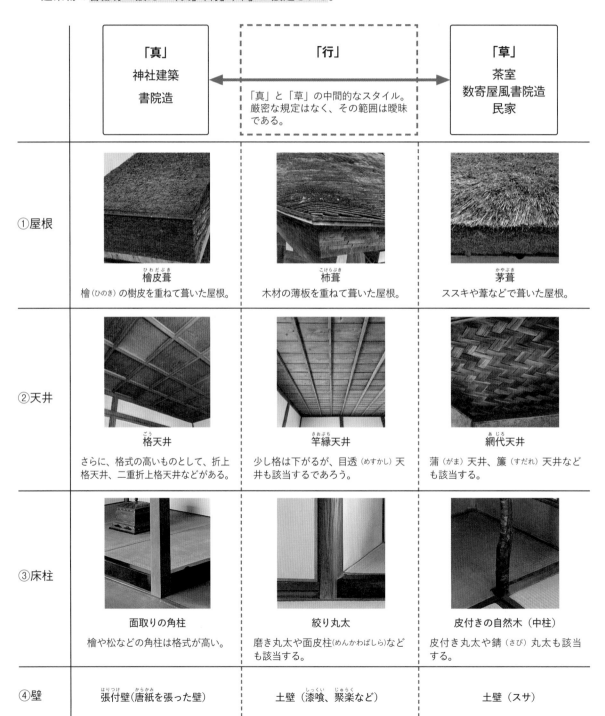

	「真」神社建築 書院造	「行」「真」と「草」の中間的なスタイル。厳密な規定はなく、その範囲は曖昧である。	「草」茶室 数寄屋風書院造 民家
①屋根	檜皮葺（ひわだぶき）檜（ひのき）の樹皮を重ねて葺いた屋根。	柿葺（こけらぶき）木材の薄板を重ねて葺いた屋根。	茅葺（かやぶき）ススキや葦などで葺いた屋根。
②天井	格天井（ごう）さらに、格式の高いものとして、折上格天井、二重折上格天井などがある。	竿縁天井（さおぶち）少し格は下がるが、目透（めすかし）天井も該当するであろう。	網代天井（あじろ）蒲（がま）天井、簾（すだれ）天井なども該当する。
③床柱	面取りの角柱 檜や松などの角柱は格式が高い。	絞り丸太 磨き丸太や面皮柱（めんかわばしら）なども該当する。	皮付きの自然木（中柱）皮付き丸太や錆（さび）丸太も該当する。
④壁	張付壁（はりつけ）（唐紙（からかみ）を張った壁）	土壁（漆喰（しっくい）、聚楽（じゅらく）など）	土壁（スサ）

これら以外にも、数多くの格式を表現する方法がある。

- ・床の間の形式　　　**本床**が正格。
- ・**長押**の有無　　　長押があり、床柱に対して枕捌とするのが格が高い。
- ・**蟻壁**の有無　　　蟻壁がある方が格が高い。
- ・**漆塗**の有無　　　漆塗りをしている方が格が高い。
- ・欄間の種類　　　竹の節欄間は寺院や客殿などで用いられる。
- ・木材の種類と木目　一般には檜材の**柾目**が正格とされるが使用される部位にもよる。

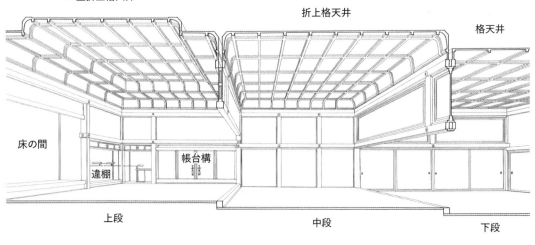

二重折上格天井　　　折上格天井　　　格天井

床の間　　違棚　　帳台構

上段　　　中段　　　下段

身分が高い ←

明確に身分階級を区別するため、天井の設えと床のレベルを変化させる。

江戸城本丸大広間内部 [1]

より深く！

真・行・草の広がり

建築以外にも、「真」「行」「草」は日本の芸道、技道のあらゆる分野で用いられている。
「書道」をはじめとして「華道」「茶道」「俳諧」「庭園」など多岐に及ぶ。

真書（楷書）　　行書　　草書 [2]

真の延段　　　行の延段　　　草の延段 [3]

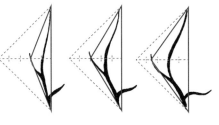

真の花型　　　行の花型　　　草の花型

生花の形

もっと知りたい！

▌学びのポイント▐

・我々が「城」と聞いてイメージする天守を備えた城は、戦国時代から登場する。広義には、土塁や柵などによる防御施設、山上の防御拠点なども城郭建築に含まれる。
・天守を備えた城についても、その立地、建築形式、防御施設など様々である。
　1 山上から平地への立地の変遷とそれに伴う城の役割の変化について理解しよう。
　2 天守の形態や配置形式などについて学ぼう。
　3 防御のための工夫が凝らされた諸施設について学ぼう。

▶城郭建築の建築的特質

①立地の変遷

・初期の城は、防御の観点から山上に造られることが多かった（山城）が、鉄砲の登場や利便性などの理由で、小高い丘の上（平山城）、平地（平城）へと降りてくることとなった。
・江戸時代以降は、**城下町**が形成され、防御施設であるというよりも、都市のシンボルとしての象徴的意味を持つようになった。

②城の設計

・城の設計は「縄張り」と呼ばれ、縄を張ることにより用途や重要度に応じた「曲輪（郭）」と呼ばれる区画を作っていくことである。
・具体的な名称としては「本丸」「二の丸」「東の丸」など「**丸**」という呼称が用いられることが多い。

③**天守**

・城の本丸に築かれた最も高い多層の櫓建築。戦国時代に居宅上の望楼が発展したものとされる。
・江戸時代以降は権威の象徴となり、破風などによる装飾化が進んだ。以下の2タイプに分類できる。
　　・望楼型　　初期の城に多く、入母屋造りの櫓上に小型の望楼を載せた形式
　　・層塔型　　関ヶ原の戦い後より見られ、のち主流となった形式で、平面形が各層同じ。
・大天守と小天守の配置形式によっても様々なタイプに分類することができる。

④防御の仕掛け

・堀と土塁　　土を掘り込んだ堀とその土を盛り上げた土塁。堀に水を張ると水濠となる。
・石垣　　　　城の足元を固め、登りにくくすることで防御の役目を果たす。
　　　　　　　石の加工度合により**野面積、打込接、切込接**と呼び分ける。
・**枡形**　　　虎口（曲輪の出入口）を四角形に囲んだ場所。敵を取り囲むように攻撃できる。
・**狭間**　　　弓矢や鉄砲で敵を狙うための穴。穴が小さいので防御性も高い。

▶城郭建築の代表事例

1 姫路城

・白鷺城（しらさぎじょう、はくろじょう）とも呼ばれる日本を代表する城郭建築。平山城。
・大天守と小天守3基を繋いだ連立式天守構成を持ち、様々な破風による変化に富んだ屋根の構成も美しい。

2 松本城

・俗称では烏城とも呼ばれる日本を代表する城郭建築。平城。
・連結複合式天守構成を持ち、アルプスの山々を背景に水濠に囲まれた姿が美しい。

城郭建築の建築的特質

望楼型天守（岡山城）
入母屋屋根の大きな低層部の上に小型の望楼が載る。古いタイプの天守。

層塔型天守（島原城）[1]
同じ四角形平面が積み上がっていく。関ヶ原の戦い以降の新しいタイプの天守。

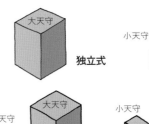

独立式　複合式
連結式　連立式

天守の配置形式

他に連結式と複合式をミックスした連結複合式（松本城）も存在する。

打込接　若干の加工
切込接　隙間がなくなるように加工

打込接と**切込接**（金沢城）

枡形

枡形（松山城）

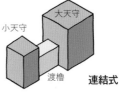

穴の高さによって、鉄砲用と弓矢用がある。

狭間（姫路城）

城郭建築の代表事例

大天守、小天守、櫓が連結され、様々な破風が付くことにより躍動感のある美しい姿を見せる。

姫路城の白さは白漆喰（しろしっくい）塗り、松本城の黒さは黒漆（くろうるし）塗りによる。

姫路城

松本城

より深く！

現存12天守

日本に数ある城のうち、建設当時の天守が残るのは12城のみである。（すべて重要文化財以上に指定されている。）

　国宝　　　：　姫路城、彦根城、犬山城、松本城、松江城
　重要文化財：　弘前城、丸岡城、備中松山城、丸亀城、伊予松山城、宇和島城、高知城

　（熊本城、名古屋城、大阪城などは有名な城であるが、いずれもRC造による再建天守である。）

1615年の一国一城令により、一つの国に一つの城だけが認められ、他の城はすべて廃城となった。江戸幕府が諸藩の勢力を削ぐためであるが、これにより城の数は激減した。また、明治維新における廃城や、太平洋戦争における被害などを考えると、現存天守がいかに奇跡的に残っているかが分かる。

3章

日本建築史

もっと知りたい！

▶各種建築の種類と事例

①学校

・江戸時代の教育施設としては、武家の藩校、庶民の寺子屋に大きく分けることができる。
・その他、郷校（ごうこう）や私塾もあり、世界的に見ても高度な教育水準であった。

1 閑谷学校（しずたに）

庶民教育のための学校（郷校）。錣葺（しころぶき）の講堂屋根、独特の石塀などに特徴がある。

2 適塾

蘭学者・医者緒方洪庵（おがたこうあん）が開いた蘭学の私塾。大阪の町家建築としても重要な遺構。

②劇場

・能舞台、芝居小屋（主に歌舞伎劇場）、農村舞台などがあった。
・庶民の娯楽として人気を博し、当初の屋外施設から、屋根つきの劇場建築も建てられるようになった。

3 旧金毘羅大芝居（金丸座）

現存する日本最古の芝居小屋。明治から大正にかけて、日本各地に同様の芝居小屋が建設された。

4 西本願寺北能舞台

現存する日本最古の能舞台。能舞台は寺や神社の境内に建てられ、屋根付きの吹きさらし建築であった。

③商店

・江戸時代には、豪商が大規模な大店（おおだな）を構えるようになった。

③遊興施設

・江戸吉原、大阪新町、京都島原、長崎丸山など、大都市には遊郭が形成され、御茶屋が建てられた。

5 角屋（すみや）（→p.100,101）

江戸時代の揚屋（あげや）建築の唯一の遺構。太夫や芸妓がもてなす遊興施設であり、文化サロン的役割を果たしていた。江戸時代の文化人や、幕末の志士も多数訪れた。

より深く！

錦帯橋（きんたいきょう）

建築物のみならず、土木構築物においても卓越した技術を誇るものがある。
錦帯橋（山口県岩国市　初代1673）は、洪水にも耐えうる橋として木造5連の太鼓橋（中央3連がアーチ橋）として建設された。
6種類の木材が適性に応じて使い分けられている。
現在の橋は1953年に建造当時の姿で復元されたものである。

屋根は鍛葺（入母屋ではない）。瓦は、赤みがかった独特の色合いを持つ備前焼。

閑谷学校 [1]

大阪における町家建築としても重要。大村益次郎、福澤諭吉などが学んだ。

丸みのある独特の石塀。

適塾

櫓（やぐら）
官許・公認の証

招き

旧金毘羅大芝居（金丸座） [2]

ぶどう棚

桟敷（さじき）

花道

枡席（ますせき）

内部には、芝居小屋に典型的な建築要素がみられる。

橋掛り

後座
地謡座

舞台

西本願寺北能舞台 [3]

舞台はほぼ正方形であるが、橋掛りなどがつくことで非対称な構成となる。

謡（うたい）や囃子（はやし）、つまり歌や楽器担当のための場所。

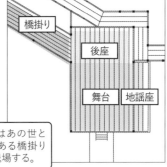

橋掛り

後座

舞台　地謡座

能の主役（シテ）はあの世と現世の架け橋である橋掛りを通って登場、退場する。

三井越後屋（東都名所 駿河町の図　歌川広重）[4]

京の町家建築としては最大規模。内部は数寄屋風の意匠で有名。

通りの両側に豪壮な大店が軒を連ねて建つ様子が描かれている。

角屋

発展学習 ⑧ 町と集落

もっと知りたい！

▶町と集落の種類

- 単体としての建築物だけではなく、集合体としての町や集落について注目しておくことも重要である。
- 町や集落の誕生の起源には様々な種類があり、地勢や宗教、政治経済などの影響を受けつつ、それぞれの目的に応じた発展をした。現在でも、多くでその痕跡をたどることができる。

①都城（とじょう）
- 中国の古代都市の作り方であり、碁盤目状の区画（**条坊制**）と町を囲う城壁が特徴。
- 日本の古代の都市作りにも影響を与えた。ただし城壁は作らず、条坊制のみを採用した。
- 平城京（奈良）および平安京（京都）が特に有名であり、現在でも基本構造は変わっていない。

②城下町
- 城を中心に成立した都市。戦国時代以降に成立したが、防衛上の工夫が数多く見られる。
- 侍町、足軽町、町人地、寺町など身分に応じた町割りとなっていた。
- 町人地の中でも職種ごとにエリアを分けていた。

③宿場町
- 街道沿いの宿場を中心に形成された町。
- 特に江戸時代、五街道や脇街道沿いで発展した。

④門前町
- 神社や寺院の門前に形成された町。
- 参拝人・遊覧客を対象とする宿屋や商業が発達した。

⑤寺内町（じないまち）
- 浄土真宗本願寺派などの寺院の境内として成立した都市。
- 周りに土塁を巡らし、濠（ほり）を掘って他宗派や領主の攻撃に備えた。

⑥港町
- 海運の拠点や中継地として成立した都市。
- 特に江戸時代、日本海側の北前船の寄港地として発展した町が多い。

⑦集落
- 山村、農村、漁村として集住、形成された地域共同体。

上記以外にも、「**武家町**」「**商家町**」「**社家町（しゃけまち）**」「**在郷町（ざいごうまち）**」「**茶屋町**」「**醸造町**」「**鉱山町**」など身分や生業などに着目して、別の観点から、もしくはより細分化した分類も可能である。

より深く！

重要伝統的建造物群保存地区
- 集団としての建築物の保護保存制度として、「**伝統的建造物群保存地区**」（略して「伝建地区」）がある。
- これにより城下町、宿場町、門前町、集落など全国各地に残る歴史的な集落・町並みの保存が図られている。
- 制度としては、1975（昭和50）年に設けられたが、特に国にとって価値が高いと判断されたものは「重要伝統的建造物群保存地区」として選定され、現在（2023年）、全国で126地区が選定されている。

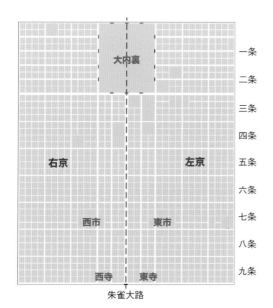

京都
平安京として都城制により形成された都市。
南北にのびる朱雀大路を中心軸として左右（東西）
対称に整然と碁盤目状の区画で構成される。
現在、町の中心は東へと移ったが、基本構造は同じ。

津山（岡山県津山市）[1]
城下町の代表的事例
防御のために自然の川と濠により幾重にも囲まれた津山城。
身分による住み分けがよくわかる。
町自体は、右（東）にさらに発展していく。
津山は戦災を受けていないため、当時の町並みがよく残っている。

奈良井宿（長野県塩尻市）
宿場町の代表的事例。
木曽街道沿いの最大の宿場町。山を背景に
街道に沿って両側に民家が建ち並ぶ。

おはらい町（三重県伊勢市）[2]
門前町の代表的事例。
伊勢神宮内宮前に広がる。切妻屋根妻入の
町並みが見られる。

川越（埼玉県川越市）
商家町、城下町の代表的事例。
豪壮な黒漆喰の土蔵造りの商家群が建ち
並ぶ。

今井町（奈良県橿原市）
寺内町の代表的事例。
江戸時代建設の建物も多く、商業都市とし
て繁栄した面影が色濃く残る。

白川郷（岐阜県白川村）
山村集落の代表的事例。
茅葺の切妻急勾配屋根を持つ合掌造の民
家が建ち並ぶ独特の集落景観。（→p.102,103）

美山町（京都府南丹市）
山村集落の代表的事例。
「かやぶきの里」と呼ばれており、茅葺の
入母屋屋根の民家が建ち並ぶ。

▶神社建築について

① 神社建築が基づく日本古来の土着信仰の名称を答えよ。

② 神社建築の形のモデルとなった日本古来の建築物の名称を答えよ。

③ 神社建築において、一定の年数ごとに造り替える制度の名称とその役割を答えよ。

④ 「**アマテラス**」を祀る最も格式の高い神社の名称を答えよ。

⑤ 「**オオクニヌシ**」を祀る巨大神社の名称を答えよ。

⑥ 井桁に組んだ土台の上に柱が建ち、小型の棟が4棟横に並ぶ神社の名称を答えよ。

⑦ 賀茂別雷神社に見られる屋根の一方を長く伸ばす神社形式の名称を答えよ。

⑧ 徳川家康を神格化して祀る霊廟建築の名称を答えよ。

⑨ 潮の満ち干きにより劇的に風景が変化し、自然と調和した美しさを見せる神社の名称を答えよ。

⑩ 多くの神社建築において屋根上に設けられる装飾の名称を答えよ。

⑪ 平入と妻入の代表的神社をそれぞれいくつか挙げよ。

⑫ ⑦以外の主要な神社形式の名称をいくつか挙げよ。

▶仏教寺院建築について

① 仏教寺院建築における主要な建築物の配置の名称を答えよ。

② 塔、金堂、講堂の役割をそれぞれ説明せよ。

③ 上記①の変化の要点を説明せよ。

④ 初期仏教寺院の代表事例をいくつか答えよ。

⑤ 日本における密教（**真言宗・天台宗**）の総本山の寺院名称を答えよ。

⑥ 密教建築に見られる急峻な斜面に建てるための構造の名称を答えよ。

⑦ 密教建築で見られる二重塔の名称を答えよ。

⑧ 浄土教建築が表現しようとした世界の名称を答えよ。

⑨ 浄土教建築の代表例である京都宇治にある建築物の名称を答えよ。

⑩ 禅宗寺院の伽藍配置の特徴について説明せよ。

⑪ 禅宗寺院で発達した水を用いない庭園形式の名称を答えよ。

⑫ 禅宗寺院建築で見られる意匠の形式の名称を答えよ。

⑬ 上記⑫の特徴をいくつか挙げよ。

....

◀ 解答 ▶

▶神社建築について
①神道 ②高床式倉庫 ③式年遷宮 穢れを祓い生命力を更新すること ④伊勢神宮 ⑤出雲大社 ⑥春日大社 ⑦流造 ⑧日光東照宮
⑨厳島神社 ⑩千木、鰹木 ⑪平入：伊勢神宮、賀茂別雷神社、宇佐神宮など 妻入：出雲大社、春日大社、住吉大社など
⑫神明造、大社造、春日造、住吉造、権現造など
▶仏教寺院建築について
①伽藍配置 ②塔：仏舎利を納める 金堂：仏像を祀る 講堂：説法を行う ③塔中心から金堂中心の伽藍配置へ変化した ④法隆寺、東大寺、薬師寺、
唐招提寺、四天王寺など ⑤真言宗：高野山金剛峯寺 天台宗：比叡山延暦寺 ⑥懸造 ⑦多宝塔 ⑧極楽浄土 ⑨平等院鳳凰堂 ⑩主要な建物（三門、
仏殿、法堂など）が縦一直線に並ぶ ⑪枯山水式庭園 ⑫禅宗様 ⑬屋根の反りが大きい、詰組、花頭窓など（これら以外にも多数ある）

復習7　住宅建築

▶寝殿造・書院造ついて

① 寝殿造における主要建築物の名称を答えよ。

② 寝殿造における室内空間の整え方の名称を答えよ。

③ 上記②のための調度、建具をいくつか挙げよ。

④ 書院造の特徴をいくつか挙げよ。

⑤ 座敷飾りの構成要素を挙げよ。

▶茶室について

① 茶の湯を大成した人物の名称を答えよ。

② 上記①が完成させた茶室の形式の名称を答えよ。

③ 上記②の具体例である茶室の名称を答えよ。

④ 武家の格式を取り入れた上記②と異なるタイプの茶室の名称を答えよ。

⑤ 茶室に付随する庭の名称を答えよ。

⑥ 上記⑤の役割を説明せよ。

▶数寄屋風書院造について

① 数寄屋風書院造の特徴をいくつか挙げよ。

② 公家の別荘であった数寄屋風書院造の代表的事例を答えよ。（図1）

③ 上記②に見られる主要建築物のズレながら連なる配置の名称を答えよ。

④ 軽快な屋根の構成に特徴のある数寄屋風書院造の代表的事例を答えよ。

図1　　　　　　　　　　1)

▶民家について

① 中世から近世にかけて成立した、標準的な民家の平面形式の名称を答えよ。

② 岐阜県白川郷などに見られる特徴的な民家の名称を答えよ。（図2）

③ 町家の敷地の特徴を説明せよ。

④ 町家に見られる特徴的な意匠をいくつか挙げよ。

⑤ 日本に見られる町や集落の種類をいくつか挙げよ。

図2

解答

▶寝殿造・書院造について

①寝殿、対屋、釣殿など　②室礼　③御簾、屏風、衝立、几帳など　④畳の敷き詰め、角柱への移行、引き違い建具の発達、座敷飾りの成立　⑤床の間、付書院、違棚（床脇）

▶茶室について

①千利休　②草庵風茶室　③妙喜庵茶室待庵　④書院風茶室　⑤露地　⑥精神状態を整え高める、俗世の塵（汚れ）を落とす

▶数寄屋風書院造について

①くずした意匠、凝った意匠、動きの感覚、見立ての手法など　②桂離宮　③雁行配置　④西本願寺飛雲閣

▶民家について

①四間取り　②合掌造　③間口が狭く奥行きの深い敷地　④格子窓、虫籠窓、箱階段、犬矢来、ばったり床几など　⑤城下町、宿場町、門前町、寺内町、山村集落など

もっと知りたい！

▶ **建築部位と建築要素の種類および特徴**

①屋根

・日本の古建築における代表的な屋根の造りは以下の通りである。

・切妻屋根は神社建築で、寄棟屋根、入母屋屋根、宝形（方形）屋根は寺院建築で用いられることが多い。

切妻屋根

寄棟屋根

入母屋屋根

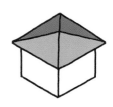
宝形（方形）屋根

・屋根が直線的なのは初期の神社建築、反りがあるのは寺院建築、起りがあるのは数寄屋風建築に多い。

・屋根の棟に対して垂直な妻から出入りするのを**妻入**、平行な平から出入りするのを**平入**と呼び分ける。

直線的

反り（照り）

起り
（むく）

妻入（つまいり）　平入（ひらいり）

②破風

・屋根の妻の三角形の部分を**破風**（はふ）という。意匠デザインとして城郭建築や寺院建築で発達する。

切妻破風	切妻造の屋根の両端の三角部分。
入母屋破風	入母屋造の屋根の両端の三角部分。
千鳥破風	屋根の流れの中間にあけられた三角部分。
唐破風	玄関など入口によくみられる曲線が反転する形の破風。

③戸・窓

蔀戸（しとみど）	突き出しにより開ける戸。上半分のものは半蔀（はじとみ）と呼ぶ。
舞良戸（まいらど）	引き戸（遣戸（やりど））のうち、横桟を何本も入れたもの。
桟唐戸（さんからど）	框の中に桟を組み、その間に薄板や連子をはめた開き戸。
連子窓（れんじまど）	窓枠の内側に、棒状の材（連子子（れんじこ））をならべた窓。
花頭窓（かとうまど）	禅宗様とともに伝わった釣鐘型の窓。以後禅宗寺院以外でも普及する。
虫籠窓（むしこまど）	町家の二階で用いられた漆喰塗の縦格子の窓。一階は格子窓となることが多い。

日本古建築の屋根

唐破風　宝形屋根　寄棟屋根　唐破風　千鳥破風　入母屋破風　入母屋屋根

西本願寺飛雲閣 [1]　屋根は全体的に起りがついている

入母屋破風　入母屋屋根　唐破風　切妻破風　切妻破風（庇付）

彦根城　屋根は全体的に反りがついている

日本古建築の開口部

蔀戸　和様建築で多用される。

桟唐戸　禅宗様とともに伝わる。

舞良戸 [2]　書院造以降多用される。

連子窓　和様建築で多用される。

花頭窓　禅宗様とともに伝わる。

虫籠窓　町家建築の二階で使われる。

より深く！

懸魚（げぎょ）

・屋根の破風板につけた飾り板を懸魚という。様々な種類があるが、唐破風には兎毛通を用いる。

・機能的には棟木や桁の木口を風雨から守るためにつけた板が装飾化したものであるが、元は火除けのまじないもかねて水に関係のある魚の形を模しているとされる。

梅鉢懸魚（うめばち）

蕪懸魚（かぶら）

三花懸魚（みつばな）

猪目懸魚（いのめ）

兎毛通（うのけどおし）

3-5-2 日本古建築の構造的意匠

▎学びのポイント▎

・建築にはさまざまな細部意匠がある。特に組物（くみもの）は構造的にも重要な役割を担っている。

1 組物について、その様々な種類を知り、その形態の構造的意味を理解しよう。
2 中備（なかぞなえ）（組物どうしの間）の種類と意匠、様式別の使用傾向について理解しよう。

▶組　物

・主に柱上にあって、深い軒を支えるしくみを**組物**（ときょう）（斗栱）という。

・斗（ます）と肘木（ひじき）とを組み合わせて構成される。

・単純なものから複雑なものまで、様々な種類がある。軒の出の深さに応じて、出組、二手先、三手先となる。

・飛鳥様式および大仏様では異なる組物を用いる。（→p.118,119）

・仏教寺院建築で発達したものであり、神社建築では全般的に簡易なものを用いる傾向がある。

▶中備とその他の意匠

間斗束（けんとづか）	中備の一つ。上方の荷重を支えるため二つの横材の間におく最も簡易な縦一本の部材。
蟇股（かえるまた）	中備の一つ。束の一種で、蟇が股を広げたような形からこの名が付いた。
双斗（ふたつど）	中備の一つ。肘木（ひじき）の上に、斗（ます）が二つだけのもの。（通常は３つ）
木鼻（きばな）	頭貫（かしらぬき）などの端が柱から突き出た部分。

　いずれも時代とともに、装飾化していく傾向がある。

▶様式による相違

・様式により組物や中備は異なる。（様式については次項で全般的に詳しく学ぶ）

・和様においては、中備は間斗束や蟇股を用いるが、禅宗様では中備にも組物を用いる（詰組）。

・飛鳥様式および大仏様では組物が異なり、特に大仏様では構造形式そのものが異なる。

・折衷様では、さまざまな様式の組物や中備その他が混用される。

より深く！

垂木（たるき）、高欄（こうらん）の意匠

・様式の相違により意匠が異なる場所は他にもさまざま存在する。

・**垂木**は、平行垂木が多いが、禅宗様では扇垂木も使う。

・**高欄**は、跳高欄（はね）と擬宝珠高欄（ぎぼし）が多いが、禅宗様では逆蓮高欄を使う。

平行垂木

扇垂木

跳高欄

擬宝珠高欄

逆蓮高欄

組　物

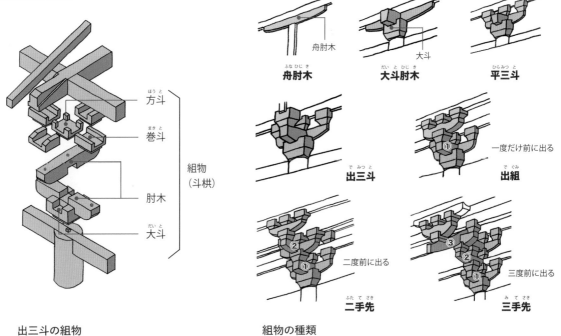

出三斗の組物

組物の種類

方斗　ほうと

巻斗　まきと

肘木

大斗　だいと

組物（斗栱）

舟肘木　ふなひじき

大斗肘木　だいとひじき

平三斗　ひらみつと

出三斗　でみつと

出組　でぐみ　一度だけ前に出る

二手先　ふたてさき　二度前に出る

三手先　みてさき　三度前に出る

中備とその他の意匠

間斗束
和様で最も標準的な中備であるが、細部が発展して撥束（ばちづか）、蓑束（みのづか）などが登場する。

蟇股
当初は板蟇股であったが、透かしや彫刻が入った装飾的な本蟇股となる。

双斗 [1]
肘木の部分はのちに装飾化され花肘木（はなひじき）となる。
大仏様の意匠であるが、折衷様の中備として用いられる。

木鼻
当初の単純なものから、象・獅子・獏などの動物の形状を持つ大仏様木鼻と、渦や若葉紋様が付加された禅宗様木鼻へ発展する。

様式による相違

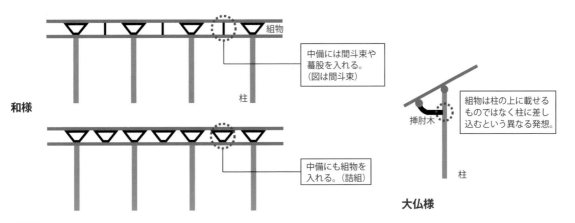

組物

中備には間斗束や蟇股を入れる。
（図は間斗束）

柱

和様

中備にも組物を入れる。（詰組）

禅宗様

挿肘木

組物は柱の上に載せるものではなく柱に差し込むという異なる発想。

柱

大仏様

もっと知りたい！

■ 学びのポイント ■

西洋建築ほど強固なものではないが、日本の古建築にも様式が存在する。特に仏教寺院において顕著であるが、その影響は、神社建築、住宅建築、城郭建築にも意匠として表れる。（→神社建築の形式についてはp.84,85）
3-5-1 日本古建築の部位、3-5-2 日本古建築の構造的意匠の内容をベースとして、各様式の全般的特徴を整理する。
　■仏教寺院建築に見られる各様式の特徴と代表事例について学ぼう。

▶仏教寺院の様式

1 飛鳥様式

飛鳥時代の初期仏教寺院の様式。

雲斗、雲肘木、卍崩しの高欄など独自の意匠を用いる。伽藍全体が現存するほぼ純粋な飛鳥様式の寺院は法隆寺のみである。

　代表事例　法隆寺、法起寺、法輪寺、四天王寺など

2 和様

平安時代に国風化された日本独自の様式。

床を張り縁側を設けること、長押により水平方向をつなぐこと、中備として間斗束や蟇股を用いるなどの特徴がある。

　代表事例　大報恩寺本堂（千本釈迦堂）、蓮華王院本堂（三十三間堂）、西明寺本堂など

3 大仏様

鎌倉時代、高僧重源により伝えられた宋の様式。以前は天竺様とも呼ばれた。

貫により水平方向につなぐこと、組物も柱の上に乗せるのではなく、差し込む形式であり、従来とは全く異なる構造形式である。現存する純粋な大仏様建築は下記の2例のみである。

　代表事例　東大寺南大門、浄土寺浄土堂

4 禅宗様

鎌倉時代に禅宗とともに宋から伝えられた寺院建築様式。以前は唐様とも呼ばれた。

柱の上だけではなく、柱間にも組物を入れる詰組や海老虹梁、桟唐戸、花頭窓、四半敷の床、扇垂木など数多くの特徴がある。

　代表事例　円覚寺舎利殿、正福寺地蔵堂、永保寺開山堂など

5 折衷様

鎌倉時代末期頃に生まれた。和様をベースとして大仏様、禅宗様の手法を取り入れた寺院建築の様式。

有名な事例は下記であるが、江戸時代以降に再建された建築物は多くの場合、折衷様とも言える。

（折衷様成立の前段階として、和様に構造的手法として大仏様を取り入れたものは新和様と呼ばれる。）

　代表事例　鶴林寺本堂、観心寺本堂など

各様式の事例

飛鳥様式

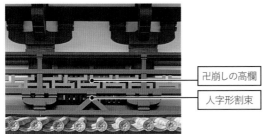

卍崩しの高欄
人字形割束

四天王寺五重塔

雲斗
雲肘木

法輪寺三重塔

和様

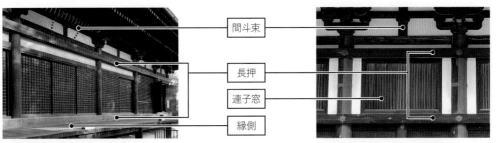

間斗束
長押
連子窓
縁側

大報恩寺本堂（千本釈迦堂）　　　蓮華王院本堂（三十三間堂）

大仏様

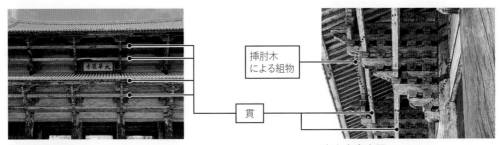

挿肘木
による組物
貫

東大寺南大門　　　　　　　　　東大寺南大門

禅宗様

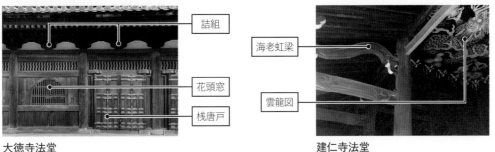

詰組
花頭窓
桟唐戸
海老虹梁
雲龍図

大徳寺法堂　　　　　　　　　　建仁寺法堂

折衷様

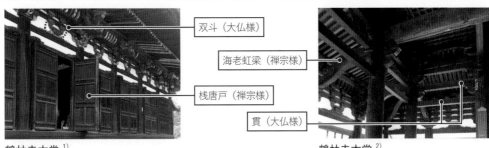

双斗（大仏様）
海老虹梁（禅宗様）
桟唐戸（禅宗様）
貫（大仏様）

鶴林寺本堂 [1)]　　　　　　　　鶴林寺本堂 [2)]

▶各種建築物について

① 城郭建築の立地上の変遷を説明せよ。

② 城郭建築における天守の種類を答えよ。

③ 石垣における石の加工度合いによる種類分けを答えよ。

④ 城郭建築における防御のための施設、仕掛けをいくつか答えよ。

⑤ 城郭建築のうち国宝に指定されているものを答えよ。

⑥ 江戸時代の学校建築（郷校）の代表事例を答えよ。（図1）

⑦ 現存する日本最古の能舞台の名称を答えよ。

図1　　　　　　　　1)

▶様式、意匠等について

① 日本の古建築における代表的な屋根の造りの名称を答えよ。

② 意匠デザインとして城郭建築や寺院建築で発達した屋根の妻の三角形の部分の名称を答えよ。

③ 日本の古建築における戸の種類をいくつか挙げよ。

④ 日本の古建築における窓の種類をいくつか挙げよ。

⑤ 屋根の破風板につけた飾り板の名称を答えよ。（図2）

⑥ 主に柱上にあって、深い軒を支えるしくみを何と呼ぶか。

⑦ 上記⑥の構成要素の名称を答えよ。

⑧ 上記⑥の種類をいくつか答えよ。

図2

⑨ 中備の種類をいくつか答えよ。

⑩ 頭貫などの端が柱から突き出た部分の名称を答えよ。（図3）

⑪ 飛鳥時代の初期仏教寺院の様式の名称とその代表事例を答えよ。

⑫ 平安時代に国風化された日本独自の様式の名称とその代表事例を答えよ。

⑬ 鎌倉時代、高僧重源により伝えられた宋の様式の名称とその代表事例を答えよ。

⑭ 鎌倉時代に禅宗とともに宋から伝えられた寺院建築様式の名称とその代表事例を答えよ。

図3

⑮ 鎌倉時代末期頃に生まれた、和様をベースとして大仏様、禅宗様の手法を取り入れた寺院建築の様式の名称とその代表事例を答えよ。

解答

▶各種建築物について

①山城から平山城を経て平城へ　②望楼型天守と層塔型天守　③野面積、打込接、切込接　④土塁、堀（濠）、石垣、枡形、狭間など
⑤姫路城、松本城、彦根城、犬山城、松江城　⑥閑谷学校　⑦西本願寺北能舞台

▶様式・意匠等について

①切妻屋根、寄棟屋根、入母屋屋根、宝形屋根　②破風　③部戸、桟唐戸、舞良戸など　④連子窓、花頭窓　⑤懸魚　⑥組物（斗栱）
⑦斗と肘木　⑧舟肘木、出組、二手先、三手先など　⑨間斗束、蟇股、双斗など　⑩木鼻　⑪飛鳥様式、事例として法隆寺など　⑫和様、事例として大報恩寺、蓮華王院など　⑬大仏様、事例として東大寺南大門、浄土寺浄土堂　⑭禅宗様、事例として円覚寺舎利殿、永保寺開山堂、正福寺地蔵堂など　⑮折衷様、事例として鶴林寺本堂、観心寺本堂など

発展学習 ⑨ 日本の庭園

1 浄土式庭園
- 平安時代の浄土思想に基づく庭園形式。
- **極楽浄土（西方浄土）** を池を介して西に臨む。

  代表例 平等院庭園、浄瑠璃寺庭園など

浄瑠璃寺庭園 [1]

2 枯山水式庭園
- 鎌倉時代に禅宗の影響を受けて成立した庭園形式。
- 水を用いず、白砂と石組により構成される。
- 修行の一環としての座禅や瞑想のための庭。

  代表例 龍安寺石庭、大徳寺大仙院庭園など

龍安寺石庭

3 露地
- 茶室に付随する庭。
- 茶室における直心の交わり、一期一会の主客の出会いのため、精神を整え、高めていくための装置としてはたらく。

  代表例 表千家不審庵露地、燕庵露地など

4 池泉回遊式庭園
- 中央に池を配し、周りに園路を巡らせ回遊できるようにした庭園形式。
- 池、築山、橋、石などにより各地の景勝を再現する。
- 江戸時代の大名庭園や室町時代の禅宗寺院で数多く見られる。

  代表例 桂離宮庭園、玄宮園など

玄宮園

5 借景庭園
- 様式的な分類ではなく、造園技法による形式名称である。
- 庭園外の風景を、まるで庭園の一部のように庭園と連続させて視覚的に取り入れる「借景」の手法を用いた庭園。

  代表例 円通寺庭園、足立美術館など

足立美術館 [2]

6 近代以降の庭園
- 明治以降に登場した近代的な庭園形式。
- **小川治兵衛**や**重森三玲**などの庭が有名である。

日本庭園の構成要素

石・石組、飛石・敷石、石燈籠、池・遣水・滝、手水鉢、橋、四阿、垣、植栽など、それぞれ意味と役割を持った様々にデザインされた要素によって日本の庭園は構成されている。

東福寺本坊庭園　重森三玲 [3]

日本における西洋建築の吸収

もっと知りたい！

▊ 学びのポイント ▊

日本の近代建築は、幕末から始まる。明治時代に入るとその流れは加速する。

ただし、注意を要するのは日本の近代建築史の前半は、西洋の様式建築の吸収に明け暮れたということである。

その流れがひと段落したところで、ようやく欧米のいわゆる近代建築が日本にも入ってくる。

　▊ 日本に西洋建築が初めて登場する時期から、擬洋風建築の流行、御雇外国人建築家の活躍を経て日本人
　　建築家が誕生するまでの流れを概観しよう。

▶ 西洋建築の登場

幕末、開港した町の**外国人居留地**において、西洋建築が建てられるようになった。

1 グラバー邸　1863

　イギリスの貿易商 T. グラバーの邸宅として、日本人棟梁が建設。ベランダを巡らせた植民地スタイル。

2 大浦天主堂　1864

　日本二十六聖人に捧げられた教会堂。木骨煉瓦造によるゴシック様式。近代建築で最初に国宝指定。

▶ 擬洋風建築の流行

日本人の大工棟梁が、見様見真似で建てた西洋風の建築を、**擬洋風建築**と呼ぶ。

明治の初頭に数多く建てられ、学校、役所、ホテル、銀行、病院など多岐にわたる。

3 開智学校　立石清重　1876

　車寄、塔屋、鎧戸を持ちながら、瓦屋根、漆喰壁、唐破風など和風要素も多い。一部中国風デザインも。国宝。

4 済生館　1878

　病院建築。階ごとに異なる多角形の玄関塔の背後に十四角形のドーナツ型平面。全体は下見板張り。

▶ 御雇外国人建築家

本格的な西洋建築導入のため、明治政府は外国人建築家を多数雇った。

T.ウォートルス、A.バスチャンなどがいるが、とりわけ、**J.コンドル**の活躍は重要であった。

5 富岡製糸場　A.バスチャン　1871

　殖産興業の一環として建てられた近代的製糸工場。洋風トラスを持つ木骨レンガ造建築。国宝。

6 鹿鳴館　J.コンドル　1883

　欧化主義のもと、国際的な社交場として建てられた。インドイスラム様式を加味したネオバロック様式。

▶ 日本人建築家の誕生

J.コンドルの尽力により、工部大学校を卒業した4人の日本人初の建築家が誕生した。

辰野金吾、片山東熊など明治時代を代表する建築家である。

7 旧中央停車場（現東京駅）　辰野金吾　1914

　コンドル門下一期生の首席であった辰野金吾は、イギリス留学を経て、明治を代表する建築家として、国家的

　プロジェクトである東京駅や日本銀行本店（1896）などの設計を担当した。

8 旧東宮御所（現赤坂離宮）　片山東熊　1909

　明治時代建築の総決算的作品。国宝。フランスの宮廷建築を範とする。東宮（のちの大正天皇）のための

　邸宅。設計者の片山東熊は、宮内省の皇室建築家として華族の邸宅や帝室博物館などを多数手がけた。

瓦屋根ではあるが、四周をめぐるベランダ、鎧戸、アーチ型の装飾などは洋風のデザイン。

グラバー邸

信徒発見の舞台にもなった歴史的に重要な教会。現在の教会は、増改築を経て1879年に完成した二代目。内部もゴシック様式を踏襲。

大浦天主堂 [1]

洋風、和風に中国風も混在する。洋風の車寄せには唐破風を用い、天使や龍のデザインがあしらわれる。

開智学校

正面には3層の楼閣。背後のドーナツ型部分は中庭を囲んで病室が配置される。

済生館 [2]

建物がレンガの壁と洋式のトラスで構成されていることが分かる。繰糸器械や働く女工たちの姿が描かれている。

富岡製糸場 [3]

欧化主義の象徴的建築物。舞踏会や園遊会が頻繁に催され、鹿鳴館時代を作り上げた。

鹿鳴館 [4]

3階建て長さ330m。南北にそれぞれドーム屋根。中央の玄関は皇室専用。

旧中央停車場（現東京駅） [5]

堂々たるフランス風宮廷建築。日本の伝統的工芸や日本的デザインも随所に見られる。

旧東宮御所（現赤坂離宮）

より深く！

ジョサイア・コンドル

- J.コンドル(1852-1920)の来日は、日本の建築界にとって幸せであった。
- 鹿鳴館、ニコライ堂など重要な建築物を設計しただけではなく、工部大学校において教育家として日本人建築家の育成に尽力し、日本建築界の基礎を築いた。
- 東洋の文化に対する憧れを抱いて来日した彼は、日本人女性を妻とし、建築のみならず、日本画、日本舞踊、華道、落語など興味は多岐にわたった。

[6]

日本における近代建築の成立

もっと知りたい！

コンドルの教え子、さらに辰野金吾の教え子たちが巣立ち、日本人建築家が次々と誕生する。西洋の様式建築に対する理解も深まり素晴らしい作品が数多く生み出される。また、遅ればせながら、日本でもいわゆるモダンデザイン、モダニズムによる近代建築が登場する。

　1 日本人建築家による熟達した様式建築の事例を学ぼう。
　2 欧米におけるいわゆる近代建築（モダンデザイン、モダニズム）の日本での展開を概観しよう。

▶様式建築の習熟

日本人建築家の手になるレベルの高い西洋建築が誕生する。

1 旧横浜正金銀行（現神奈川県立歴史博物館）　妻木頼黄（よりなか）　1904

　ドイツ・ネオバロック様式の建築。コーナー部に正面を配し、立体的な陰影感、強い威厳と重厚感が感じられる。

2 明治生命館　岡田信一郎　1934

　日本における西洋様式建築の最高到達点と評されることの多い作品。

　岡田信一郎の作品には他に、大阪市中央公会堂、鳩山会館、琵琶湖ホテルなどがある。

▶モダンデザイン

日本にも明治末ごろから、欧米のいわゆる近代建築（モダンデザイン）が登場する。アール・ヌーヴォーを皮切りにゼセッション、表現主義、未来派、構成主義、アール・デコ、ライト風など多様である。

一般的には、1920年の分離派建築会の設立を、日本における近代建築運動の開始とすることが多い。

3 東京中央電信局　山田守　1925

　分離派建築会の設立メンバーの一人山田守による、放物線を多用した表現主義的造形。

4 小菅刑務所　蒲原重雄（かんばらしげお）　1929

　司法省技師であった夭折の建築家蒲原の代表作。やはり表現主義の影響を受けた鋭利な直線的構成が特徴的。

5 旧甲子園ホテル　遠藤新（あらた）　1930

　F.L.ライトの日本人弟子遠藤新によるライトを踏襲した作風。日本的なデザインモチーフも見られる。

6 旧朝香宮邸　宮内省内匠寮（くないしょうたくみりょう）　1933

　日本における代表的アール・デコ建築。内装はフランス人デザイナー H.ラパンによる。

▶モダニズム（国際建築・インターナショナルスタイル・合理主義建築）

欧米の近代建築が機能的・合理的なインターナショナルスタイルに行き着いたのと同様に、日本でも1930年代には、装飾を排した機能主義的なモダニズム建築が台頭した。

（モダニズム建築は、本来はモダンデザインの一つの領域である。本教科書では、その特質を鑑みて、独立して扱うこととした。）

7 旧東京中央郵便局　吉田鉄郎　1931

　歴史主義・様式主義建築をほぼ脱した合理主義的造形。

8 黒部川第二発電所　山口文象　1936

　グロピウスの薫陶を受けた山口文象によるバウハウス的なデザイン。

妻木頼黄は、辰野、片山と並ぶ明治建築界の巨頭。ドイツ派で大蔵省の施設建築を多数手がけた。本作は彼の並々ならぬ力量が感じ取れる作品。

旧横浜正金銀行

病弱であった岡田信一郎の晩年の作品。五層にわたるコリント式のジャイアントオーダーが特徴的である。

明治生命館

逓信建築の先駆け。放物線（パラボラ）アーチを多用した造形は、それまでの様式建築とは全く異なるものであった。

東京中央電信局 [1]

司法省で刑務所建築に携わった蒲原の代表作。受刑者たちが工事を担ったのも特筆に値する。

小菅刑務所 [2]

ライトの作風を完全に身に付けた遠藤新の代表作。ホテルとしての営業は短かったが、現在は大学の校舎として活用されている。

旧甲子園ホテル

外観はほとんど装飾がなくモダニズムに近いとも言えるが、直線的構成による気品が感じられる。内部は、典型的なアール・デコ。

旧朝香宮邸

コーナーの曲線、4階上部のコーニスや壁面の柱型などを除いてほぼ装飾が排除されている。現在、内部は大きく変わったが壁面保存により外観は残された。

旧東京中央郵便局

装飾を完全に排した非対称かつ直線的デザイン。インターナショナルスタイルに到達した作品と言える。

黒部川第二発電所 [3]

より深く！

日本で活躍した外国人建築家

日本の近代建築史において、外国人建築家が果たした役割は非常に大きい。

J.コンドルについてはすでに説明したが、**A.レーモンド、W.M.ヴォーリズ**などの貢献は非常に大きい。

さらには、**T.ウォートルス、A.N.ハンセル、G.デ・ラランデ、J.M.ガーディナー**、ビッグネームとしては**F.L.ライト、B.タウト**など枚挙にいとまがない。

日本の近代建築は、数多くの外国人建築家との関わりのなかで成立したのである。

もっと知りたい！

■ 学びのポイント ■

日本の近代建築史を別の観点から概観することも重要である。一つは、技術的側面、特に建築構造の変遷である。もう一つは、欧米あるいは、インターナショナルな建築を吸収していく中で、日本建築の独自性やアイデンティティはどのように扱われたのかということである。

1 レンガ造から鉄骨造、鉄筋コンクリート造への建築構造の変遷を学ぼう。
2 近代建築における日本建築の独自性、つまり「和」の表現について事例を通して学ぼう。

▶建築構造の変遷

・日本の近代化を担う新しい建築材料は、レンガであった。次々とレンガ造の建築物が建てられた。

　しかし、地震の多い日本においては、レンガ造が適さないことが判明し、特に関東大震災以降、鉄筋コンクリート造、鉄骨造が発展することとなった。

1 水路閣　田辺朔郎（さくろう）　1888

　京都の近代化を目的として琵琶湖から京都に水を運ぶために作られた疎水の水路のうちの一つ。レンガ造。

2 丸の内ビル　桜井小太郎（三菱地所）　1923

　当時のアメリカの最新建築技術による鉄骨造高層オフィスビル。

・関東大震災からの復興の過程で設立された「同潤会（どうじゅんかい）」による、一連の鉄筋コンクリート造の集合住宅についても留意しておきたい。

▶日本の近代建築における日本性（和）の表現

・西洋建築、近代建築が広まっていくなか、多くの建築家が日本の近代建築の進むべき道を模索した。何らかの形で「日本性」が意識され表現された建築も数多く生まれた。

1 築地本願寺　伊東忠太　1934

　「アジアの中の日本」を意識したインド様式。伊東忠太は「建築進化論」を唱えた。

2 国会議事堂　大蔵省臨時議院建築局　1936

　デザイン的には日本的要素は希薄だが、建築材料は純国産にこだわり、特に日本各地の石材を用いている。

3 旧東京帝室博物館（現東京国立博物館）　渡辺仁（じん）　1937

　一般的には「**帝冠様式**」と呼ばれる、鉄筋コンクリート造の上に瓦屋根を載せたスタイルの事例とされる。

4 パリ万博日本館　坂倉準三　1937

　伝統的建築の特徴とモダニズムの理念を統合したという評価により、建築部門のグランプリを受賞。

5 聴竹居　藤井厚二　1928

　自然エネルギーを生かしつつ、和風を洋風の暮らし方を融合させた実験住宅。デザインは和モダン。

6 奈良ホテル　辰野金吾　1909

　木造の真壁造をハーフティンバー的に扱い瓦屋根を載せた和洋折衷の外観。内部は洋室メインの構成。

・上記以外にも、内部のインテリアデザインや装飾的なモチーフに日本的なデザインを用いる例、西陣織や七宝焼など日本の伝統工芸を生かす例、邸宅建築において和館と洋館を併置する例などさまざまである。
　（**赤坂離宮、甲子園ホテル、旧岩崎邸**など）

　また、前述の擬洋風建築にも和の要素が隠しがたく残っている。

南禅寺の境内を通り抜けるレンガ造の水道橋。土木技師田辺朔郎は琵琶湖疏水の総責任者であり、開発は水運、利水、水力発電など多岐にわたった。

水路閣

昭和戦前期における最大のビルであり、「東洋一のビル」と称された。1999年に取り壊された。

丸の内ビル [1]

当時の法主大谷光瑞と親交のあった伊東忠太によるインド風のデザイン。内部は和風のデザインを踏襲。RC造。

築地本願寺

中央頂部は、列柱と角錐による記念碑的なモチーフ。日本各地の様々な石材が用いられている。

国会議事堂 [2]

帝冠様式は、1930年代に流行。他に神奈川県庁舎、愛知県庁舎、旧軍人会館など。日本趣味の一つであり、軍国主義との直接的関係は近年は否定されている。

旧東京帝室博物館

コルビュジエ譲りの近代建築でありながら、列柱の並ぶ中間領域の演出、回廊による回遊性など空間の質により日本性を表現。

パリ万博日本館 [3]

日本の気候に適応した暮らし方を目指した実験住宅であるが、デザインは和風をベースにしながらも直線的なモダンデザインが加味されている。

聴竹居

外観は古都奈良に相応しい社寺建築の雰囲気。内部は洋室であるが、日本の古建築のモチーフが随所に使われている。

奈良ホテル

より深く！

紆余曲折を経た国会議事堂の設計

日本の顔とも言うべき象徴的建築物である日本銀行本店、中央停車場（東京駅）を設計した辰野金吾の次なる狙いは、国会議事堂であった。当初から延期が繰り返された設計は、一時は大蔵省を率いる妻木頼黄にほぼ内定していたが、辰野はコンペ形式での設計者決定を主張し審査員兼応募者の立場を獲得した。

しかしながら、当時猛威を奮っていたインフルエンザによってコンペ途中で急死し、国会議事堂は、この時のコンペ最優秀案をベースに手が加えられ、さらに17年の歳月をかけて建設されようやく完成した。

3-6-4 戦後の日本建築の展開

■ 学びのポイント ■

戦後、欧米と同様、モダニズム建築（インターナショナルスタイル）が急速に普及していくとともに、構造表現主義の系譜に連なる作品（主に1960年代）やポストモダニズム（1980年代以降）の影響を受けた建築が登場する（→p.72,73）。また、日本独自の建築運動としては**メタボリズム**の活動（1959〜）があった。

1 メタボリズムについてその建築理念と具体的事例とともに学ぼう。
2 戦後日本の代表的建築家とその代表作品についてある程度知っておこう。

▶メタボリズムの活動

・生物と同じように新陳代謝する建築を提案。生物が古くなった細胞を死滅させ、同時に細胞分裂で新しい細胞が生まれることを繰り返して生命を維持するのと同様に、付加や取り換えを行いながら成長し変化し続ける建築や都市を目指した。

1 スカイハウス　菊竹清訓　1958

設備機器の取り替えや子ども室の付加を想定したメタボリズムの住宅作品。菊竹清訓の自邸。

2 中銀カプセルタワー　黒川紀章　1972

140個の工業生産されたカプセルが細胞の集合体のように見える。メタボリズムの理念を視覚化した作品。

▶戦後日本の代表的建築物

・戦後日本の建築界を牽引したのは、丹下健三、村野藤吾、コルビュジエの弟子である前川國男、坂倉準三などである。また、その後の世代としては、槇文彦、磯崎新、原広司、安藤忠雄、伊東豊雄などの活動も重要である。1950年以降生まれの世代では、隈研吾、SANAA、坂 茂など現在活躍している建築家にも留意しておきたい。

1 旧神奈川県立近代美術館 鎌倉館（現鎌倉文華館 鶴岡ミュージアム）　坂倉準三　1951

コルビュジエ的手法を用いつつ、日本的な中間領域の構成手法を見事に融合させた作品。

2 広島世界平和記念聖堂　村野藤吾　1954

原爆で焼失した教会堂を世界平和の拠点として再建。独自の雰囲気を持つバシリカ式教会堂。

3 旧京都会館（現ロームシアター京都）　前川國男　1960

コルビュジエ、レーモンドに学んだ前川國男の代表作の一つ。中庭をピロティと庇で囲む。

4 国立屋内総合競技場（代々木体育館）　丹下健三　1964

1964年の東京オリンピックの中心施設。**吊り構造**を採用。日本における**構造表現主義**の代表作品。

5 ヒルサイドテラス　槇文彦　1969-92

20年以上かけて段階的に建設された集合住宅。代官山の町並み形成においても主導的役割を果たした。

6 つくばセンタービル　磯崎新　1983

筑波研究学園都市における中心施設。日本の**ポストモダニズム**建築の代表作品。

7 光の教会　安藤忠雄　1989

コンクリート打放しを世に定着させた安藤忠雄の代表作。余分な要素を極限まで排したミニマリズム的作品。

8 せんだいメディアテーク　伊東豊雄　2000

全面ガラス張り、薄い床スラブ、中空の柱などにより建築の無化が目指された。

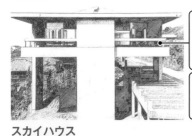

夫婦2人暮しからスタートしたが、1階ピロティ部分へのムーブネットと呼ばれる子ども室の吊り下げ、設備機器の取り替え、間取りそのものの変化など、メタボリズムの思想を実践した。

スカイハウス

視覚的に、最もダイレクトにメタボリズムをアピールした作品。カプセルの取り替えは行われていない。2022年解体。

中銀カプセルタワー[1]

礎石建の鉄骨柱のピロティに、池の水が半ば入りこみ、モダニズムと和風が融合した独特の中間領域を形成している。

旧神奈川県立近代美術館 鎌倉館[2]

西洋の教会堂建築の空間構成をベースとしながらも、日本的なモチーフを用い、素材の手触り感を大切にしている。

広島世界平和記念聖堂[3]

1階をピロティで浮かせ、2階を大きな庇でまとめる手法は、同時期の東京文化会館でも採用された。

旧京都会館

第1体育館は2本の支柱から屋根が吊り下げられている。日本の民家の棟をも想起させる。

国立屋内総合競技場（代々木体育館）

道に沿って6期20年以上にわたって建設が続けられた。下階には商業施設が入り、代官山のイメージを醸成した。

ローマの有名なカンピドリオ広場が埋め込まれている。歴史的引用による記号性、遊戯性。

ヒルサイドテラス

つくばセンタービル[4]

六甲の教会、水の教会とともに、初期の教会三部作の一つ。幾何学的に単純化された形態、自然との対話、コンクリート打放しの美学。

従来の柱梁構造とは一線を画す独自の構造原理による建築。柱すら中空で外部から内部のすべてを覗き見ることができる。

光の教会[5]

せんだいメディアテーク[6]

より深く！

プリツカー賞

アメリカのホテルチェーンオーナーのプリツカー一族により創設された賞であり、「建築を通じて人類や環境に対して一貫した意義深い貢献をしてきた」存命の建築家を対象とし毎年原則1人が受賞する。

建築界のノーベル賞とも言われ、1979年から現在（2023）まで日本人は8人が受賞しており、国別ではアメリカと並んで最も多い。日本人受賞者は年代順に以下の通りである。丹下健三(1987)、槇文彦(1993)、安藤忠雄(1995)、SANAA（妹島和世、西沢立衛）(2010)、伊東豊雄(2013)、坂 茂(2014)、磯崎新(2019)（カッコ内は受賞年）

3章 日本建築史

復習 9　日本の近代建築

▶西洋建築の吸収ついて

① 幕末、長崎の居留地に建てられた日本初の西洋建築の名称を答えよ。（図1）

② 上記①の翌年竣工した日本初の西洋式教会の名称を答えよ。

③ 日本人の大工棟梁が、見様見真似で建てた西洋風の建築を何と呼ぶか。

④ 上記③の代表事例の名称を答えよ。（図2）

⑤ 明治政府が設計のみならず、日本人建築家の育成も含めて招いた御雇
外国人建築家のうち最も著名な人物を答えよ。

図1

⑥ 上記⑤の代表作で、日本の欧化政策の象徴的建築物の名称を答えよ。（図3）

⑦ 上記⑤の尽力により誕生した日本人建築家一期生の名前を答えよ。

⑧ 辰野金吾の代表作を答えよ。

⑨ 片山東熊の代表作を答えよ。

⑩ 日本人建築家による西洋建築の習熟を示す妻木頼黄の代表作を答えよ。

⑪ 日本人建築家による西洋建築の習熟を示す岡田信一郎の代表作を答えよ。

⑫ 日本の近代建築のうち、国宝に指定されているものを挙げよ。

図2　　　　　1)

▶モダンデザイン、モダニズムについて

① 分離派建築会の設立メンバーの一人山田守による、放物線を多用した表現主義的作品の名称を答えよ。

② フランス人H.ラパンが内装を手がけた日本における代表的アール・デコ建築作品の名称を答えよ。（図4）

③ 逓信省建築家吉田鉄郎による歴史主義・様式主義をほぼ脱したモダニズム建築の名称を答えよ。

④ 1930年代に流行した鉄筋コンクリート造の上に瓦屋根を載せたスタイルの名称を答えよ。

図3　　　　　2)

図4

▶戦後の日本建築について

① 戦後日本で起こった、建築を生物と類比させる建築運動の名称を答えよ。

② 丹下健三の代表作を答えよ。

③ コルビュジエのもとで建築を学び、後に、日本で活躍した建築家を挙げよ。

④ プリツカー賞を受賞している日本人建築家を挙げよ。

解答

▶西洋建築の吸収について
①グラバー邸　②大浦天主堂　③擬洋風建築　④開智学校　⑤ジョサイア・コンドル　⑥鹿鳴館　⑦辰野金吾、片山東熊（できれば曽禰達蔵、佐立七次郎も）
⑧東京駅（中央停車場）、日本銀行本店など　⑨赤坂離宮（旧東宮御所）、旧京都帝室博物館（現京都国立博物館）など
⑩旧横浜正金銀行　⑪明治生命館、大阪中央公会堂（原案）など　⑫大浦天主堂、赤坂離宮、富岡製糸場、開智学校
▶モダンデザイン、モダニズムについて
①東京中央電信局　②旧朝香宮邸　③東京中央郵便局　④帝冠様式
▶戦後の日本建築について
①メタボリズム　②国立屋内総合競技場、広島平和記念資料館など　③前川國男、坂倉準三（できれば吉阪隆正も）　④丹下健三、槇文彦、安藤忠雄、SANAA（妹島和世、西沢立衛）、伊東豊雄、坂 茂、磯崎新

日本建築史総合復習 1 アウトラインを復習しよう

▶解答はP.134

〈問題〉空欄に当てはまる言葉を答えよ。

神社建築は日本古来の（　①　）のための宗教施設である。元来は自然に存在する岩、大木、山などを崇拝していたが、仏教の影響などもあり、建築施設が建てられるようになった。代表例としては、20年ごとに建て替える（　②　）で有名な（　③　）、最も巨大であった（　④　）、祭の神輿の原型といわれる（　⑤　）などがある。特異な例として、潮の干満を利用した（　⑥　）、徳川家康を神として祀った（　⑦　）などがある。

6世紀中頃に伝わった仏教は、当初から建築施設としての仏教寺院が建てられた。

初期仏教寺院では、（　⑧　）中心の構成から（　⑨　）中心の構成への**伽藍配置**の変化が見られる。特に（　⑩　）においては、左右非対称の独特の伽藍配置となっている。**密教系寺院**では、（　⑪　）伽藍の建設や（　⑫　）塔、仏像による立体（　⑬　）などの特徴を挙げることができる。**浄土教寺院**では、（　⑭　）思想を反映して、地上に（　⑮　）を風景として再現することが目指された。特に（　⑯　）では、池をはさんで対岸から（　⑰　）を教主とする浄土世界を（　⑱　）の方角に臨むように計画されている。**禅宗寺院**では重要な諸堂が（　⑲　）に並ぶ伽藍配置となった。また、庭園においては（　⑳　）に見られるような（　㉑　）式庭園と呼ばれる独自の庭園を完成させた。

平安時代には、貴族の住宅様式である（　㉒　）が成立する。現代の住宅への直接的な影響は少ないが室礼と呼ばれる（　㉓　）（　㉔　）などの可動式の建具は現在でも少なからず利用され続けている。室町時代頃には、（　㉕　）が成立する。現在の住宅の和室の起源となる住宅様式であり、畳の敷き詰め、角柱への移行、引違い建具、（　㉖　）（　㉗　）（　㉘　）による座敷飾りなどの特徴がある。

（　㉙　）により大成された茶の湯。その精神を建築的に体現するのが**草庵風茶室**である。非常に小さな空間を華美に飾ることなく身近な素材をうまく組み合わせることで（　㉚　）と言われる主客の出会いの場が演出される。また茶室に附随する庭である（　㉛　）は、茶室へと向かう客の精神状態を高めるための装置としてはたらく。（　㉜　）と呼ばれる精神文化は、多方面に影響を与えることとなる。草庵風茶室の代表例として（　㉝　）を挙げることができる。

貴族文化の、優雅で洗練された趣味を反映して、（　㉞　）意匠、（　㉟　）意匠に特徴のある**数寄屋風書院造**が成立する。（　㊱　）はその代表例であり、茶室群を含む数々の建築物が、（　㊲　）式庭園を代表する広大な庭園と見事に融合した美しさを見せる。

城郭は戦における防御のための施設であるが、（　㊳　）から（　㊴　）を経て（　㊵　）へと、立地が変化した。また、防御施設としてだけでなく町の象徴としての役割も果たすようになった。城の設計のことを（　㊶　）と言うが、これは（　㊷　）と呼ばれる区画を作っていくことである。同時に、（　㊸　）（　㊹　）（　㊺　）など多様な防御のための工夫が施された。建設当時の天守を残す（　㊻　）は**白鷺城**とも呼ばれる代表的な城である。

一般庶民の住居を民家というが、（　㊼　）から始まった。農家においては、近世までには四間取りと呼ばれる田の字型の典型的な平面形式が確立した。一方で（　㊽　）（　㊾　）などに見られるように地域ごとに多様な形式も生み出した。都市部では（　㊿　）が発展するが、間口が狭く奥行きの深い平面をうまく使いこなし、商いと生活を両立させている。

日本の近代建築は、西洋建築の吸収から始まる。長崎の（　(51)　）（　(52)　）などを皮切りに、西洋建築が登場するが、その後、日本人の大工棟梁による（　(53)　）が日本各地で建設される。代表作として（　(54)　）がある。一方、明治政府は御雇外国人建築家を招き、本格的な西洋建築の導入を図る。その1人（　(55)　）は、（　(56)　）などの設計のみならず、日本人建築家の育成に多大な貢献をした。彼の教育のもと、（　(57)　）（　(58)　）などの日本人建築家が誕生した。代表作としては、（　(59)　）（　(60)　）などがある。その後、次々と日本人建築家が誕生し、同時に西洋建築に対する習熟度も高まっていった。1920年代ごろになると、欧米のいわゆるモダンデザインが日本にも影響を与えるようになる。アール・ヌーヴォー、ゼセッション、アール・デコ、表現主義、ライト風など多用な展開を見せる。代表作としては、（　(61)　）（　(62)　）などがある。そして1930年代になると、装飾を排除したモダニズム建築（インターナショナルスタイル）が日本でも台頭してくることとなる。代表作としては、（　(63)　）（　(64)　）などがある。

〈問題〉①～⑫の代表的な近代建築の名称を答えるとともに、関連事項を下の語群から選択せよ。

①

②

③ 1)

④ 2)

⑤ 3)

⑥ 4)

⑦ 5)

⑧

⑨

⑩ 6)

⑪ 7)

⑫ 8)

関連事項語群

a. 擬洋風建築　b.懸造　c.日本人建築家の登場　d.潮の干満　e.一期一会　f.式年遷宮　g.書院造　h.巨大神社
i.豪華絢爛な装飾性　j.極楽浄土　k.国内最大の仏教寺院　l.数寄屋風書院造と回遊式庭園

> **ひとことポイント**
>
> これまでに学習した知識をもとに、建築士試験の建築史に関する問題にチャレンジしてみよう。
> 若干建築物の名称が異なっていたり、学習していない事項にも触れられていますが、十分対応できるはずです。

〈問題〉次の正誤を判断せよ。

【二級建築士レベル】

01. 法隆寺金堂は、重層の入母屋屋根を持つ堂であり、和様の建築物である。

02. 平等院鳳凰堂は、中堂に左右の重層の翼廊が配置されており、奈良時代に建てられた建築物である。

03. 中尊寺金色堂は、外観が総漆塗りの金箔押しで仕上げられた方三間の仏堂であり、平安時代に建てられた。

04. 東大寺南大門は、大仏様（天竺様）の建築様式であり、鎌倉時代に再建された建築物である。

05. 東大寺南大門は、組物を柱上だけでなく中備にも用いた「詰組」と呼ばれる構造美を強調した大仏様の建築物である。

06. 日光東照宮は、本殿と拝殿を石の間で繋ぐ流造の形式による霊廟建築であり、江戸時代に建てられた建築物である。

07. 円覚寺舎利殿は、部材が細く、屋根の反りが強い等の禅宗様（唐様）の特徴を持った建築物である。

08. 伊勢神宮内宮正殿は、倉庫として用いられた高床式家屋が神社建築に転化したと考えられており、礎石建による建築物である。

09. 薬師寺東塔は、本瓦葺きの五重塔であり、各重に裳階が付いた建築物である。

10. 鹿苑寺金閣は、寄棟造りの舎利殿で、最上層を禅宗様（唐様）、二層以下を和様とした三層の建築物である。

11. 嚴島神社社殿は、檜皮葺きの殿堂を回廊で結び、海面に浮かんで見えるように配置した建築物である。

12. 桂離宮は、寝殿造に茶室建築の特徴を取り入れた数寄屋造の代表的な建築物である。

13. 江戸時代の京都や大阪などでみられた**町家（町屋）**という住宅形式は、奥行きの長い敷地に入口から奥に通じる通り庭を持っている。

【一級建築士レベル】

14. 浄土寺浄土堂は、太い虹梁と束を積み重ねて屋根を支える構造の折衷様の建築物である。

15. 伊勢神宮内宮正殿は、東西に隣接する南北に細長い二つの敷地のうち、式年遷宮によって交替で一方の敷地を用いて、造替が繰り返されてきている。

16. 三佛寺投入堂は、修験の道場として山中に営まれた三佛寺の奥院であり、岩山の崖の窪みに建てられた懸造である。

17. 龍吟庵方丈は、東福寺の塔頭であり、現存する最古の方丈と言われている。

18. 西本願寺飛雲閣は、外観は禅宗風、内部は住宅風に造られており、軽快で奇抜な意匠が施されている。

19. 姫路城は、小丘を巧みに利用して構築された山城で、優美な外観が特徴である。

20. 銀閣と同じ敷地に建つ東求堂の同仁斎は、現存する最も古い違い棚と付書院をもつ「四畳半」である。

21. 出雲大社本殿は、正面の片方の柱間を入口とした非対称の形式を持つ平入の神社建築の例である。

22. 農家は地方により架構や平面が異なり、東北地方の**南部曲家**においては、養蚕ができるようになっている。

23. 商家は、町家の一つであり、**今西家**（橿原市今井町）のように、表通りに面して、片側が土間で奥に座敷を設けたものがある。

24. 寺院の塔頭においては、茶室を設ける場合があり、如庵は、京都の建仁寺内に千利休が建立したとされる。

25. 公家の社会においては、王朝文化を反映した別荘等が造営され、桂離宮はその代表例である。

26. 武士の住居には、主として、書院造が用いられ、二条城二の丸御殿の白書院、黒書院等はその代表例である。

27. グラバー邸は、アーチや隅石等の洋風の意匠と唐破風などの和風の意匠が混在した擬洋風の建築物である。

総合復習　解答

西洋建築史総合復習①

①オーダー　②シュムメトリア　③エウリュトミア（ディアテシス）　④アーチ　⑤バシリカ　⑥機能　⑦長方　⑧救済の道　⑨集中　⑩円もしくは多角　⑪象徴　⑫ペンデンティブ　⑬石造ヴォールト　⑭低く　⑮高く　⑯ステンドグラス　⑰古代ギリシャ、古代ローマ　⑱マニエリスム　⑲雄大　⑳幻想的　㉑ボッロミーニ　㉒ルネサンス　㉓㉔ゴシック、バロック、ルネサンスなど

西洋建築史総合復習②

①ヴィラ・ロトンダ　g　②コロッセオ　c　③サン・カルロ・アッレ・クワトロ・フォンターネ聖堂　d　④サン・ピエトロ広場（大聖堂）　k　⑤ハギア・ソフィア大聖堂　b　⑥パルテノン神殿　f　⑦イギリス国会議事堂　a　⑧パリノートルダム大聖堂　l　⑨パンテオン　j　⑩ル・トロネ修道院附属教会　e　⑪アルテス・ムゼウム　h　⑫パラッツォ・デル・テ　i

西洋建築史総合復習③

01○　02×ルネサンス建築ではなくゴシック建築　03×ロマネスク建築ではなく古代ローマ建築　04×バロック建築ではなくルネサンス建築　05○　06×説明文はノートルダム大聖堂（パリ）についてである　07○　08○　09 EADCB　10×ゴシック建築ではなくバロック建築あるいはルネサンス建築　11○　12○　13×　説明文はサンタ・マリア・デル・フィオーレ大聖堂についてである　14○　15○　16○　17○

近代建築史総合復習①

①②③鉄、ガラス、コンクリート　④⑤工場、駅舎、橋など　⑥⑦温室、百貨店など　⑧⑨クリスタルパレス、エッフェル塔など　⑩W.モリス　⑪アーツ・アンド・クラフツ　⑫赤い家　⑬アール・ヌーヴォー　⑭タッセル邸　⑮C.R.マッキントッシュ　⑯A.ガウディ　⑰サグラダ・ファミリア大聖堂　⑱ウィーン郵便貯金局　⑲シュタイナー邸、ロースハウスなど　⑳デ・スティル　㉑シュレーダー邸　㉒ロシア・アヴァンギャルド　㉓第3インターナショナル記念塔　㉔ドイツ工作連盟　㉕バウハウス　㉖W.グロピウス　㉗デッサウバウハウス校舎　㉘無国籍性　㉙インターナショナル　㉚フランク・ロイド・ライト　㉛プレーリーハウス（草原住宅）　㉜落水荘　㉝ル・コルビュジエ　㉞㉟ドミノシステム、近代建築5つの要点　㊱サヴォア邸　㊲ユニテ・ダビタシオン　㊳ロンシャン　㊴ミース・ファン・デル・ローエ　㊵バルセロナパビリオン　㊶ファンズワース邸　㊷ユニバーサルスペース　㊸A.アアルト　㊹L.カーン

近代建築史総合復習②

①シュレーダー邸　b　②赤い家　h　③落水荘　g　④デッサウバウハウス校舎　c　⑤クリスタルパレス　e　⑥サグラダ・ファミリア聖堂　f　⑦サヴォア邸　a　⑧タッセル邸　d　⑨ウィーン郵便貯金局　l　⑩ファンズワース邸　j　⑪エッフェル塔　k　⑫第3インターナショナル記念塔　i

近代建築史総合復習③

01○　02×説明文はファンズワース邸についてである　03○　04○　05　5　ルイス・カーンではなくG.T.リートフェルト　06×アントニ・ガウディではなくウィリアム・モリス　07○　08×ファンズワース邸ではなくサヴォア邸　09×キンベル美術館ではなくグッゲンハイム美術館　10○　11○　12×カサ・ミラではなくユニテ・ダビタシオン　13×説明文は赤い家についてである　14○　15×アール・デコではなくアール・ヌーヴォー

日本建築史総合復習①

①神道　②式年遷宮　③伊勢神宮　④出雲大社　⑤春日大社　⑥嚴島神社　⑦日光東照宮　⑧塔　⑨金堂　⑩法隆寺　⑪山上（山岳）　⑫多宝　⑬曼荼羅　⑭末法　⑮極楽浄土　⑯平等院鳳凰堂　⑰阿弥陀如来　⑱西　⑲一直線　⑳龍安寺石庭など　㉑枯山水　㉒寝殿造　㉓㉔屏風、衝立　㉕書院造　㉖㉗㉘床の間、付書院、違棚　㉙千利休　㉚一期一会　㉛露地　㉜わび、さび　㉝妙喜庵茶室待庵　㉞㉟崩した、凝った　㊱桂離宮　㊲池泉回遊式庭園　㊳山城　㊴平山城　㊵平城　㊶縄張り　㊷曲輪　㊸㊹㊺堀（濠）、土塁、石垣、枡型など　㊻姫路城　㊼竪穴住居　㊽㊾合掌造、曲家など　㊿町家　51 52グラバー邸、大浦天主堂　53擬洋風建築　54開智学校　55 J.コンドル　56鹿鳴館など　57辰野金吾　58片山東熊　59 60東京駅、日本銀行本店、赤坂離宮（旧東宮御所）など　61 62東京中央電信局、小菅刑務所、旧甲子園ホテル、旧朝香宮邸など　63 64東京中央郵便局、旧黒部川第二発電所、パリ万博日本館など

日本建築史総合復習②

①東大寺　k　②出雲大社　h　③日光東照宮　i　④三佛寺奥院投入堂　b　⑤嚴島神社　d　⑥桂離宮　l　⑦平等院鳳凰堂　j　⑧伊勢神宮　f　⑨開智学校　a　⑩旧中央停車場（現東京駅）　c　⑪慈照寺東求堂同仁斎　g　⑫妙喜庵茶室待庵　e

日本建築史総合復習③

01×和様ではなく飛鳥様式　02×奈良時代ではなく平安時代　03○　04○　05×詰組は禅宗様の特徴　06○　07○　08×礎石建ではなく掘立柱　09×五重塔ではなく三重塔　10×寄棟造ではなく宝形造　11○　12×寝殿造ではなく書院造　13○　14×　折衷様ではなく大仏様（構造の説明文も間違っている）　15○　16○　17○　18○　19×山城ではなく平山城　20○　21×平入ではなく妻入　22×養蚕ではなく馬の飼育　23○　24×千利休ではなく織田有楽斎　25○　26○　27×グラバー邸ではなく開智学校

テーマでみる建築史 4

全体を眺めてみよう！

建築と敷地	海の景	山の景	地の景	敷地との同化 / 敷地の尊重	敷地の無化 / 建築による敷地の形成
	厳島神社 モン・サン・ミシェル ヴェネツィア 伊根の舟屋	パルテノン神殿 ポタラ宮殿 三佛寺奥院投入堂 メテオラの修道院	チャンドバオリ ヤオトン(窰洞)	落水荘 六甲の集合住宅 I,II,III 春日大社 地中美術館	モンゴルのゲル ぐりんぐりん 横浜大さん橋

建築の要素	柱の建築	壁の建築	屋根の建築	床の建築	開口部の建築
	コルドバの大モスク	バルセロナ・パビリオン 万里の長城 銀閣大生垣 嘆きの壁	大阪万博お祭り広場 ふじようちえん ミュンヘンオリンピックスタジアム	ファンズワース邸 ボロブドゥール House NA	伏見稲荷千本鳥居 ゲートウェイアーチ

建築と素材	木材の建築	石材の建築	コンクリートの建築	金属の建築	ガラスの建築
	雲の上のギャラリー メトロポールパラソル	バルセロナ・パビリオン 角川武蔵野ミュージアム	TWA フライトセンター 住吉の長屋	エッフェル塔 ビルバオグッゲンハイム美術館	ルーブル ガラスのピラミッド 水 / ガラス

建築と形態	球体・円形	三角形・四角錐	多角形	螺旋	その他の形態
	モントリオール万博アメリカ館 ニュートン記念堂計画案 福建土楼 天壇	ルーブル ガラスのピラミッド 白川郷合掌造	興福寺北円堂 サン・ヴィターレ教会	第3インターナショナル記念塔 会津さざえ堂	ラリベラの岩窟教会 ユダヤ博物館 ロッテルダムのキューブハウス アビタ 67

建築と光	西洋の光	日本の光	近代以降の光	近代以降の光の演出	光の変質
	パンテオン ル・トロネ修道院付属教会	浄土寺浄土堂	クリスタルパレス ウィーン郵便貯金局	ジョンソンワックス本社 ロンシャンの教会 キンベル美術館 ヴィープリの図書館 光の教会 アラブ世界研究所	サントシャペル バルセロナパビリオン

建築構成手法	軸		グリッド	
	厳島神社 ワシントンD.C. パリ歴史軸 ヴェルサイユ宮殿 / 庭園	ヴィラアドリアーナ 日光東照宮	レイクショア・ドライブ・アパート ストックホルム市立中央図書館 ダイマキシオンハウス フィッシャー邸	キンベル美術館 TOYOTA woven city

建築と環境	自然環境と同化した建築	自然エネルギーを積極的に活用する建築	建築資源における3Rを意識した建築
	アクロス福岡 ボスコ・ヴェルティカーレ ラコリーナ ウェールズの住宅	深沢環境共生住宅 名護市庁舎 犬島精錬所美術館 NEXT21	テートモダン リンゴット カステルヴェッキオ美術館

建築の保存と活用	コンバージョン・リノベーション	移築・壁面保存・擬似保存	修復・再建	特殊事例	価値観の変化
	大英博物館グレートコート オルセー美術館 横浜赤レンガ倉庫	帝国ホテル 東京中央郵便局 三菱1号館	フラウエン教会 旧居留地十五番館	サグラダファミリア聖堂 伊勢神宮	エッフェル塔 ポンピドゥーセンター グッゲンハイム美術館

赤字Sレベル　　青字Aレベル　　黒字Bレベル

もっと知りたい！

学びのポイント

建築は、大地に定着する物であり、敷地と切っても切り離せない関係にある。
敷地から様々な制約を受けるが、名建築ほど敷地の特性を生かしたものが多い。整理してみよう。

1 自然（海、山、大地など）を、機能的に活かしつつ、景観としても象徴的に扱った建築。
2 敷地や周辺環境と調和するよう同化したり、敷地の特性を尊重する建築。
3 特異な事例として、敷地に関係しない建築や、敷地そのものを形成する建築。

▶自然の景

1 海の景

嚴島神社　潮の満ち引きにより、劇的に風景が変化する。入江に突き出すように作られた神社。(→p.82,83)

モン・サン・ミシェル　海上の小島と修道院。上と同様に潮の満ち引きにより、劇的に風景が変化する。

ヴェネツィア　海の中に造られた都市。運河が張り巡らされ、島内の移動は徒歩か船のみ。

伊根の舟屋　漁のために、建物の1階から船で直接出入りできる舟屋が立ち並ぶ。

2 山の景

パルテノン神殿　小高い丘の上を神域（アクロポリス）とし、宗教的な聖性を象徴する。(→p.8,9)

ポタラ宮殿　垂直のヴェルサイユとも呼ばれ、政治的宗教的権威を象徴する。

三佛寺奥院投入堂　断崖絶壁にあることが、山岳信仰と結びついた密教や修験道の教義を象徴する。(→p.88,89)

メテオラの修道院　俗世間と隔絶し、神のみと対話するため巨大な奇岩の真上に建設された。

3 地の景

チャンドバオリ　インドの階段井戸のうち最も壮大な事例。深さ約30m。貯水池兼宮殿として使われた。

ヤオトン（窰洞）　中国内陸部に見られる崖や地面に穴を掘って作った住居。夏は涼しく、冬は暖かい。

マテーラ　石灰岩の侵食により形成された渓谷にあった洞窟住居群。現在は観光資源として活用。

▶敷地との同化、尊重

1 敷地との同化

落水荘　滝の真上に建設され、周辺環境との一体化を実現した不朽の名作住宅。(→p.64,65)

六甲の集合住宅Ⅰ,Ⅱ,Ⅲ　山を擁壁で固め、その前に建てるのではなく、山そのものを建築化した集合住宅。

2 敷地の尊重

春日大社　御蓋山を御神体と考え、微妙な敷地の傾斜を平坦にすることなく、そのまま建設。(→p.80,81)

地中美術館　直島の自然豊かな景観を尊重し、すべての展示室を地下に埋めた。

▶特異な事例

1 敷地の無化

モンゴルのゲル　遊牧民は定住せず、移動しながら生活する。したがって、固定した敷地を持たない。

2 建築による敷地の形成

ぐりんぐりん　埋め立ててできた平坦な人工島に、建築により緩やかな起伏のある風景を作る。

横浜大さん橋　桟橋を巨大な建築物として目立たせるのではなく、街から接続する地形のように作る。

代表事例

海の景

モン・サン・ミシェル [1]

ヴェネツィア [2]

伊根の舟屋 [3]

山の景

パルテノン神殿 [4]

ポタラ宮殿 [5]

メテオラの修道院 [6]

地の景

チャンドバオリ [7]

ヤオトン（窰洞）[8]

マテーラ

敷地との同化・尊重

落水荘 [9]　フランク・ロイド・ライト

六甲の集合住宅 I,II,Ⅲ [10]　安藤忠雄

地中美術館 [11]　安藤忠雄

敷地の無化

モンゴルのゲル [12]

建築による敷地の形成

ぐりんぐりん　伊東豊雄

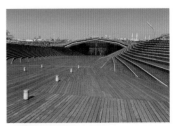
横浜大さん橋　FOA

4章　テーマ別建築史

もっと知りたい！

■ 学びのポイント ■

建築の要素には、柱、壁、屋根、床、開口部などがある。これらの要素は、建築物を構成する機能的、構造的に重要な要素であるが、さらに象徴的な意味を有することも多い。
■ 建築要素別に分類し、それぞれの要素を活かした代表事例について学習しよう。

▶柱

構造的な力を負担する以外にも、中心や領域を示す。また、宗教的な象徴的意味をもつこともある。

御神木　単柱としての神木は、神道における依代（よりしろ）であり御神体でもある。

修道院（教会）回廊　中庭を囲む列柱回廊は歩きながら瞑想する場でもある。

コルドバの大モスク　群柱による森の中にいるかのような雰囲気。(→p.29)

▶壁

構造的な力を負担する以外にも、領域を区分する役割がある。また、高さや素材を調整することで、人間の行為や視覚をコントロールすることができる。

バルセロナ・パビリオン　最小限の大理石やガラスの壁の配置により豊かな空間が生まれる。(→p.68,69)

万里の長城　北方の異民族の侵入を防ぐための防御のための壁。

銀閣大生垣　2枚の壁のような大生垣の間を歩ませることで、視線と動きをコントロールし、期待感を膨らませる。

嘆きの壁　ソロモン神殿の唯一の遺構としてユダヤ教徒の祈りの対象となっている聖なる壁。

▶屋根

雨や日差しから守ることが、屋根の元来の役割であるが、屋根の下に領域を示したり、スカイラインを形作ることもある。また、屋根の上が活用される例もある。

大阪万博お祭り広場　スペースフレームによる大屋根が、万博シンボルゾーンの中心であることを象徴した。

ふじようちえん　屋根の上を子供たちの運動や遊び場として積極的に活用した幼稚園。

ミュンヘンオリンピックスタジアム　F.オットーによる吊り構造テント形式の軽やかな大屋根。

▶床

洪水を避け、害虫や害獣から身を守るために床は発達したが、身分や階級を示すこともある。また、階数を規定する従来の床のレベルを自由に設定する例もみられる。

ファンズワース邸　玄関への緩やかな導入、屋外テラス、洪水対策などさまざま役割を担った床。(→p.68,69)

ボロブドゥール　階段状の床が立体的な曼荼羅を構成し、仏教世界の宇宙観を象徴する。(→p.89)

House NA　階を分割するためではなく、人間の行動を誘発するためにさまざまなレベルに設けられた床。

▶開口部

扉と窓がある。人の出入り、風や光や視線をコントロールするほかに、結界としての役割もある。

京町家（杉本家住宅）　町家特有の視線や光をコントロールできる格子戸や虫籠窓。(→p.102,103)

伏見稲荷千本鳥居　聖と俗の結界的役割を果たす鳥居の連続が生み出す幻想的空間。(→p.82,83)

ゲートウェイアーチ　街そのものの出入口とともに西部開拓の歴史的出発点を象徴する巨大アーチ。

この他、「階段」や「スロープ」などの要素に着目することもできるであろう。

柱

御神木（由岐神社）

修道院回廊
（サン・パオロ・フオリ・レ・ムーラ教会）

コルドバの大モスク [1]

壁

万里の長城 [2]

銀閣大生垣

嘆きの壁 [3]

屋根

大阪万博お祭り広場　丹下健三 [4]

ふじようちえん [5]　手塚貴晴／手塚由比

ミュンヘンオリンピックスタジアム [6]　F.オットー

床

ファンズワース邸 [7]　ミース・ファン・デル・ローエ

ボロブドゥール [8]

House NA [9]　藤本壮介

開口部

京町家（杉本家住宅）

伏見稲荷千本鳥居 [10]

ゲートウェイアーチ [11]　E.サーリネン

4章　テーマ別建築史

139

もっと知りたい！

4-3 建築と素材

▌ 学びのポイント ▌

建築は、木造、石造、RC造、鉄骨造など様々な構造で出来ている。

これら各種の構造はまた、素材の違いでもある。素材の持ち味を素直に外観に表現したものがある一方で、素材感を裏切るような表現手法も存在する。また、構造とは関係なく、インテリアや装飾として素材が活かされる事例も多く、複数の素材を対比的に使用することもある。

■ 素材別に分類しそれぞれの素材特性を活かした代表事例について学習しよう。

▶木材

日本は伝統的には、木造建築である。木材そのものの繊細な表情を尊重するだけでなく、木材による架構の力強さを表現したものも多い。

雲の上のギャラリー 日本の伝統的な組物をイメージさせる。力強さと繊細さを感じさせる架構。

メトロポールパラソル 世界最大の木造建築物。木材を格子状に組み合わせている。

▶石材

西洋の伝統的建築は、石造である。石という素材が一般的には、力強さ、温かみ、素朴さなどを表現する一方で、大理石や花崗岩など高級な石材を装飾的に利用することもある。

バルセロナパビリオン トラバーチン、オニキス、蛇紋岩のテクスチャーを見事に生かしている。(→p.68,69)

角川武蔵野ミュージアム 無数の花崗岩の組み合わせにより、隆起、衝突、攪拌を象徴する多面体を構成。

▶コンクリート

RC造は、コンクリートの造形である。コンクリートの可塑性を活かしたものや、コンクリート打放しにより美しさや力強さを表現したものがある。

旧TWAフライトセンター コンクリートの可塑性を活かした曲面造形。ミッドセンチュリーの代表作。(→p.72,73)

住吉の長屋 コンクリート打放しによるストイックかつ禁欲的な表現。ミニマリズムにも通じるデザイン。

▶金属

タワーや橋などでは普通に見かけるが、建築においては屋根以外で金属の表情を積極的に表現することは少ないかもしれない。近年、チタンやガリバリウムなど錆に強い金属が登場し外装に用いられることも出てきている。

エッフェル塔 鉄の重量感を払拭し、レースのような繊細さと軽やかさを表現した作品。(→p.48,49)

ビルバオグッゲンハイム美術館 チタンの強度と美しさ（メンテナンスフリー）を活かした作品。(→p.72,73)

▶ガラス

無色透明なガラスが一般的であり、まさにその透明感や軽やかさを意識した事例が多いが、**ステンドグラス**や**フロストガラス**により異なる表情を持つものもある。

ルーブル ガラスのピラミッド 美術館の入口を象徴的に示す。周囲の石造の建築との対比も美しい。

水／ガラス 流れる水と浮かぶガラスの箱により海と接続する空間を演出。周辺環境と溶け合い一体化する。

▶その他の素材

上記以外にも建築に利用される素材は、様々である。

ジェンネ 泥のモスク 日干しレンガを積み上げ泥を塗って仕上げたモスク。土に還る究極のエコ建築。

クライストチャーチ 紙の大聖堂 安価で強度もある紙管を災害時の仮設建築として活用する。

木材

梼原 木橋ミュージアム
雲の上ギャラリー [1] 隈研吾

メトロポールパラソル [2]
J.マイヤー.H

石材

バルセロナパビリオン
ミース・ファン・デル・ローエ

角川武蔵野ミュージアム
隈研吾

コンクリート

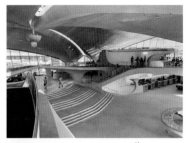

旧TWAフライトセンター [3]
E.サーリネン

住吉の長屋 [4]
安藤忠雄

金属

エッフェル塔 [5]
G.エッフェル

ビルバオグッゲンハイム美術館 [6]
F.ゲーリー

ガラス

ルーブル ガラスのピラミッド [7]
I.M.ペイ

水/ガラス（ATAMI 海峯楼）[8]
隈研吾

その他の素材

ジェンネ 泥のモスク [9]

クライストチャーチ 紙の大聖堂 [10]
坂 茂

■ 学びのポイント ■

建築物には、様々な形態がある。建築物全体としての形だけではなく、平面的な形、立面・断面的な形、屋根や窓など建築要素としての形など見方次第で、非常に多彩であることがわかる。

しかしながら、それらの形は、ほとんどの場合、恣意的ではなく、非常に合理的に決定されたものである。機能的、歴史的、宗教的な背後の意味を読み取ることが重要である。

　■ 形態別に分類しそれぞれの代表事例について学習しよう。

▶球体・円形

球体や円形は、完全性、平等性などを象徴することが多く、宗教的に「天」を意味することもある。

モントリオール万博アメリカ館　最小の表面積で最大の体積を覆う無柱空間のジオデシックドーム。

ニュートン記念堂計画案　巨大な球体の内部世界と外部世界を昼夜反転させる試み。(→p.38,39)

福建土楼　多数の家族が平等な共同生活を送る集合住宅。中庭に向かって開かれ、外部に対しては閉じる。

天壇　中国皇帝が天を祀り、儀礼を行った場所。「天円地方」の思想に基づき円形の平面。

▶三角形・四角錐

建築において三角形は、切妻屋根の妻面の形に表れる。また、古代エジプトのピラミッドは四角錐の原型と言える。

ルーブル ガラスのピラミッド　四角錐を歴史的かつ現代的なアイコンとしたシンボリックなエントランス。

白川郷合掌造　積雪と養蚕に対応した急勾配の切妻屋根。(→p.102,103)

▶多角形

正多角形は、明確な中心性を有する対称図形である。宗教的な象徴的中心を意味することが多い。

興福寺北円堂　現存する遺構の少ない八角円堂だが、この形式には鎮魂の役割があるとも言われる。

サン・ヴィターレ教会　正八角形平面の集中式教会堂の代表例。「8」は復活を象徴する。(→p.18,19)

▶螺旋

螺旋は、回転しながら上昇する形態であり、発展や昇天のイメージと重ね合わされることが多い。

第3インターナショナル記念塔　革命により解放された労働者と国家の発展を象徴する螺旋。(→p.58,59)

会津さざえ堂　二重螺旋のスロープにより上り下りを分け、お詣りの動線をコントロールしている。

▶その他の形態

ラリベラの岩窟教会　垂直に石をくり抜いて作られた教会堂。上から見ると十字架形が浮かび上がる。

ユダヤ博物館　現代建築の脱構築主義の思想を反映した歪み、ずれ、ねじれなどを含んだ形態。(→p.72,73)

▶複数の図形・立体の組合せ

特徴的な形態の連続や積み重ね、また、異種形態の複合なども存在する。

ロッテルダムのキューブハウス　40個ほどの傾いたキューブを樹状に構成し、都市の中に集落を作る試み。

アビタ67　画一的なボックスをランダムに積み上げることで、多様な空間を生み出すことに成功している。

球体・円形

モントリオール万博アメリカ館 1)
（バイオスフィア）B.フラー

ニュートン記念堂計画案 2)
E.L.ブーレー

福建土楼（客家土楼）3)

天壇 4)

三角形

ルーブル ガラスのピラミッド
I.M.ペイ

白川郷合掌造

多角形

興福寺北円堂

サン・ヴィターレ教会 5)

螺旋

第3インターナショナル記念塔 6)
V.タトリン

会津さざえ堂（円通三匝堂）7)

その他の形態

ラリベラの岩窟教会
（聖ゲオルギウス聖堂）8)

ユダヤ博物館　D.リベスキンド 9)

複数の図形・立体の組合せ

ロッテルダムのキューブハウス 10)
P.ブロム

アビタ67　M.サフディ 11)

4章 テーマ別建築史

4-5 建築と光

もっと知りたい！

学びのポイント

建築において「光」は不可欠な要素である。
いかにして、内部空間に「自然光」を取り込むかという問題は、まず第一に建築を快適に使用する上での機能的な問題である。と同時に、「光」は古来宗教的な象徴性を帯びており、光の質や取り入れかたに工夫を凝らした。
また、光を金属（特に金）などに反射させて演出することは、日本でも西洋でも行われた。
近代以降は、人工照明による光の演出にも留意する必要がある。
■ **光の扱い方をもとに分類しそれぞれの代表事例について学習しよう。**

▶西洋の光

西洋の場合、宗教的な影響もあり、天上から「降り注ぐ光」として表現されることが多かった。

パンテオン ドーム頂部の穴（オクルス）から差し込む光が内壁の一部を照らし出す。(→p.12,13)

ル・トロネ修道院付属教会 石の素朴な教会の中に入ってくる神に選ばれた限られた光。(→p.22,23)

▶日本の光

日本の場合、屋根が大きく軒が深いこともあり、側面からの光もしくは「湧き上がる光」として表現されることが多かった。また、「**陰影礼賛**」という語にもあるように暗さを大切にした。

浄土寺浄土堂 西側の低い位置にある窓から夕日が入ると雲に乗って阿弥陀仏が来迎するように見える。

町家室内 明るい庭の光が、畳や天井で反射を繰り返し弱まりながら薄暗い室内に忍び込んでくる。

▶近代以降の光

近代以降は、外部空間と区別のつかない「透明な光」が登場した。

クリスタルパレス 内部空間でありながら、外部空間にいるかのような空間体験を初めて提供した。(→p.48,49)

ウィーン郵便貯金局 重力すら無化するような柔らかく均質な光で包まれた空間が成立した。(→p.56,57)

▶近代以降の光の演出

近代以降も、様々な建築家により多様な光の演出が行われた。

ジョンソンワックス本社 木漏れ日の差す森の中、蓮池の水底に喩えられる神秘的な空間。(→p.64,65)

ロンシャンの教会 光と闇の対比。内部に向かって台形状に開いた窓からなだれ込む光。(→p.66,67)

キンベル美術館 スリット状のトップライトから差し込む光は反射板によってヴォールト天井を照らす。(→p.70,71)

ヴィープリの図書館 無数のトップライトは手暗がりをなくすと同時に、太陽への憧憬を象徴する。(→p.70,71)

光の教会 壁面の十字状のスリットから入る光により十字架が浮かび上がる。(→p.128,129)

アラブ世界研究所 電子制御により光量をコントロールする窓。アラベスク文様を意識したデザイン。

▶光の変質

西洋においては**ステンドグラス**、日本においては**和紙**による光の変質が行われた。**フロストガラス（曇りガラス）**も和紙と同様の効果をもたらす。

サント・シャペル ゴシックの構造原理を極限まで推し進めて可能となったステンドグラスに囲まれた空間。(→p.26,27)

障子窓 視線は通さずぽんやりとした光のみを通す。外部の気配を感じることができる窓。

バルセロナパビリオン 透明ガラスとフロストガラスを使い分け、光の質にもこだわった空間。(→p.68,69)

西洋の光

パンテオン [1]

ル・トロネ修道院付属教会 [2]

日本の光

浄土寺浄土堂 [3]

町家室内（上芳我家住宅）[4]

近代以降の光

クリスタルパレス [5]
J.パクストン

ウィーン郵便貯金局 [6]
O.ワーグナー

近代以降の光の演出

ジョンソンワックス本社 [7]
フランク・ロイド・ライト

ロンシャンの教会 [8]
ル・コルビュジエ

キンベル美術館 [9]
L.カーン

ヴィープリの図書館 [10]
A.アアルト

光の教会 [11]
安藤忠雄

アラブ世界研究所 [12]
J.ヌーヴェル

複数の図形・立体の組合せ

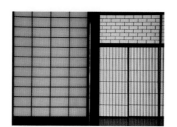

サントシャペル [13]

障子窓（伊丹市・旧石橋家住宅）[14]

バルセロナパビリオン
ミース・ファン・デル・ローエ

もっと知りたい！

学びのポイント

建築や都市を構成する上で、軸やグリッドは全体の骨組みに関わる重要な役割を果たす。

■ 軸とグリッドの活用事例を種類別に整理し、その概要を学習しよう。

▶軸

建築や都市の構成を明確にする背骨のようなもの。一本の直線軸が多いが、複数存在する場合や、湾曲する場合もある。見通しや眺望とも関係し、しばしば政治的、宗教的権威を象徴的に表現するために用いられる。

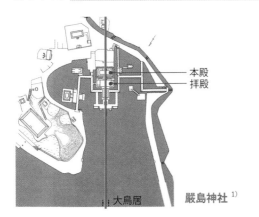

本殿
拝殿
大鳥居
厳島神社 1)

ワシントン記念塔
リンカーン記念堂
議会議事堂
ワシントンD.C. 2)

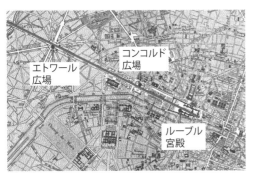

コンコルド広場
エトワール広場
ルーブル宮殿
パリ歴史軸 3)

大運河
アポロンの泉水
ヴェルサイユ宮殿
ラトナの噴水
ヴェルサイユ宮殿/庭園 4)

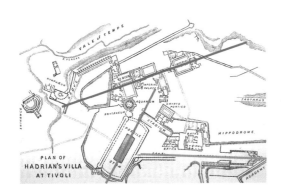

ヴィラアドリアーナ 5)

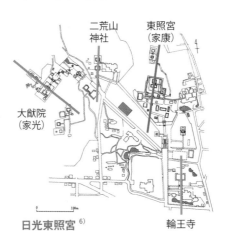

二荒山神社
東照宮（家康）
大猷院（家光）
日光東照宮 6)
輪王寺

▶グリッド

建築や都市の構造を、明確にする網目のようなもの。建築においては、グリッドの交点が構造体（特に柱）の位置となることが多い。都市においては、グリッドは道路網と一致することが多い。直交グリッドが一般的であるが、円グリッドや三角形グリッドなども存在する。ダブルグリッドなど複数のグリッドを混用することもある。

正方形直交グリッド

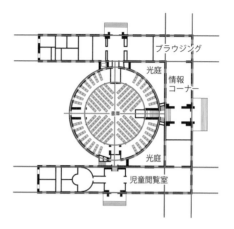

厳格な正方形グリッドに基づいた平面計画

レイクショア・ドライブ・アパート
ミース・ファン・デル・ローエ

直交グリッドと円グリッド

ブラウジング
光庭
情報コーナー
書庫
光庭
児童閲覧室

ストックホルム市立中央図書館
G.アスプルンド

正三角形グリッド

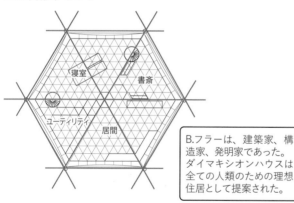

寝室
書斎
ユーティリティ
居間

B.フラーは、建築家、構造家、発明家であった。ダイマキシオンハウスは全ての人類のための理想住居として提案された。

ダイマキシオンハウス
B.フラー

直交グリッドと45°回転した直交グリッド

ダイニング
キッチン
リビング
主寝室

生活空間と寝室空間を2つの正方形のキューブに分離し、角度を振ることで光と視線を豊かにする。

フィッシャー邸 7)
L.カーン

ダブルグリッド

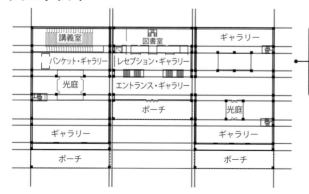

講義室
図書室
ギャラリー
バンケット・ギャラリー
レセプション・ギャラリー
光庭
エントランス・ギャラリー
ポーチ
光庭
ギャラリー
ギャラリー
ポーチ
ポーチ

幅の広いグリッドに、主たるスペース、幅の狭いグリッドに階段や倉庫などサブのスペースを配置する。

キンベル美術館　L.カーン

グリッドの膨らみ

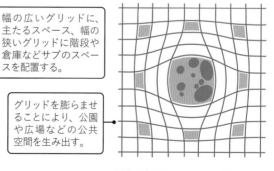

グリッドを膨らませることにより、公園や広場などの公共空間を生み出す。

TOYOTA woven city
B.インゲルス・グループ（BIG）

もっと知りたい！

■ 学びのポイント ■

持続可能性が重要視されている昨今、「地球環境に配慮した」建築は、これからの時代、ますます求められることになるだろう。重なり合う部分も多いが以下のような試みが見られる。
- ・自然環境と同化した建築（景観上の配慮）(4-1建築と敷地　敷地との同化・尊重の項目に関連)
- ・自然エネルギーを積極的に活用する建築（環境共生）
- ・建築資源における3Rを意識した建築（資源循環）

■ 上記３タイプを種類別に整理し、その概要を学習しよう。

▶自然環境と同化した建築

屋上緑化や壁面緑化によって建築を自然に同化させたり、地下に埋めることは、緑豊かな自然環境を守る上で有効な手段である。都市においても、人工的な環境の中で潤いや癒しを与える効果がある。

アクロス福岡　道路側は通常の高層ビル、公園側は階段状に緑化され、緑の小高い丘のように見える。

ボスコ・ヴェルティカーレ　イタリアミラノの町中に立つ「垂直の森」としての高層集合住宅。

ラ コリーナ　草屋根の建築群が自然環境に溶け込んでいる。商業施設兼農業施設。

ウェールズの住宅　風の強い海岸沿いに建つ住宅。海側以外は全て地面の中に埋もれている。

▶自然エネルギーを積極的に活用する建築

化石燃料ではなく太陽光発電や風力発電など自然エネルギーを活用した発電方法の採用、雨水の利用、風の通り道を作ったり屋上緑化や壁面緑化によって夏場の冷房負荷を軽減するなど多彩なアプローチ方法がある。

深沢環境共生住宅　日本で最初の環境共生住宅。自然エネルギーの活用やビオトープの設置など。

名護市庁舎　風の通り道やアサギテラスと呼ばれる半屋外空間によって暑さに対処する。

犬島精錬所美術館　閉鎖した銅の精錬工場を活用。既存の煙突を利用して空気の循環システムを構築。

NEXT21　スケルトンインフィル方式による耐用年数の増加。屋上緑化や太陽光発電も採用。

▶建築資源における3Rを意識した建築

古くなった建築を取り壊すのではなく、性能を改善したり、用途変更をして使い続けることは、廃棄物の軽減、建築物の再利用につながる。取り壊した場合も建築資材をできる限り再活用することも有意義である。

テートモダン　旧バンクサイド発電所のコンバージョン（用途変更）。ギャラリーとして再生した。

リンゴット　旧巨大自動車工場のコンバージョン（用途変更）。見本市会場等として再生した。

カステルヴェッキオ美術館　中世の城を美術館として再生。C.スカルパによる見事な改修。

より深く！

究極のエコ建築
- ・環境の意味を広く捉えるなら、貧困問題、差別問題、自然災害や疫病に対しても建築のあり方を意識しておくべきであろう。
- ・ここでは、地球環境を一切汚さない建築に注目したい。自然素材による建築は、いずれ無機物に分解されるが、日干しレンガと泥だけで作られた建築は、廃棄しても直接土に還る最も地球に優しい建築と言えるであろう。

ジェンネ泥のモスク[1]

自然環境と同化した建築（景観上の配慮）

アクロス福岡　E.アンバース他 [2]

[3]

ボスコ・ヴェルティカーレ [4]
S.ボエリ

ラ コリーナ　藤森照信

ウェールズの住宅　フューチャー・システムズ [5]

自然エネルギーを積極的に活用する建築（環境共生）

深沢環境共生住宅　岩村アトリエ他 [6]

名護市庁舎　象設計集団＋アトリエ・モビル [7]

犬島精錬所美術館 [8]　改修設計 三分一博志

NEXT21
大阪ガスNEXT21建設委員会

建築資源における3Rを意識した建築（資源循環）

テートモダン [9]
改修設計 ヘルツォーク＆ド・ムーロン

リンゴット [10]
改修設計 R.ピアノ

カステルヴェッキオ美術館
改修設計 C.スカルパ

もっと知りたい！

学びのポイント

優れた建築を、「建築遺産」として後世に残し、活用していくことは非常に重要である。
建築遺産は、その場所固有の歴史や独自性（アイデンティティ）を継承し発展させていくことに寄与する。
■ 保存・活用の手法や価値の所在について分類するとともに、制度についても整理しよう。

▶コンバージョン・リノベーション

建築物を壊して建て替えるのではなく、使い続けるために性能を改善することを、**リノベーション**と言う。さらに、用途変更をして活用することを**コンバージョン**という。（4-7建築と環境にも地球環境の保全という観点で関連）

大英博物館グレートコート　他へ移転した図書館部分を柔らかな光さす屋根付きの通路兼中庭とした。

オルセー美術館　廃線となった鉄道路線の駅舎を美術館として再生。パリの3大美術館に数えられる。

横浜赤レンガ倉庫　役割を終えたレンガ造の倉庫を赤レンガパークとして整備。展示、商業施設などに活用。

▶移築・壁面保存・擬似保存

価値の高い建築物を別の場所に移築して保存することはしばしば行われてきた。建物の外壁だけを保存し中身を全面的に入れ替えること（**壁面保存**）や、デザインだけを踏襲して新築すること（**擬似保存**）も行われる。

帝国ホテル　改築に際して東京にあったライト設計のホテルの玄関部分を明治村に移築保存した。（→p.64,65）

旧東京中央郵便局　保存活動の結果、壁面保存が行われた。内部は複合商業施設。上階は超高層ビル。（→p.124,125）

旧三菱1号館　一度完全に取り壊した上で、レプリカ建築として再生させた。現在は美術館として活用。

▶修復・再建

火災、地震、戦争などが原因で、損傷を受けたり、失われてしまった建築を修復や再建することで復元させる。

フラウエン教会　第二次世界大戦中の爆撃で崩壊したが、ドイツ再統一後、瓦礫の石を利用しつつ復元。

旧居留地十五番館　阪神・淡路大震災で全壊したが、倒壊前の部材70%を使用し、免震工法を採用して復元。

▶特殊事例

建築物が長年にわたり完成せずに常に建設中であることに価値を見出す事例、完成させても壊すことを前提として建設と破壊のサイクルを繰り返す事例、廃墟をそのまま保存する事例などがある。

サグラダ・ファミリア聖堂　A.ガウディのライフワーク。彼の死後も寄付金だけを頼りに少しずつ建設。（→p.56,57）

伊勢神宮　式年遷宮の制度により、20年ごとに建て替える。神道に独特の常若の思想を反映。（→p.80,81）

▶価値観の変化

建築物の中には、建設当時には反対されたが、後世になって評価が高まったものが数多くある。

エッフェル塔　大々的な建設反対運動があったが、完成後は絶賛され、現在はフランスのシンボル。（→p.48,49）

ポンピドゥーセンター　過激なデザインが批判を浴びたが、入館者は多く、地域の活性化にもつながった。（→p.72,73）

グッゲンハイム美術館　外観の奇抜さや鑑賞のしにくさが問題となったが、現在はニューヨークの町の宝。（→p.64,65）

▶制度

建築遺産を守る制度として、**文化遺産保護制度**がある。

国際的なものとしては、国際連合教育科学文化機関（UNESCO）による**世界遺産**の制度がある。

日本においては、**文化財保護法**（1950〜）が重要である。**国宝、重要文化財、登録有形文化財、重要伝統的建造物群保存地区**などの指定や登録について理解しておきたい。

コンバージョン・リノベーション

大英博物館グレートコート [1]

オルセー美術館 [2]

横浜赤レンガ倉庫

移築・壁面保存・擬似保存

帝国ホテル [3]

東京中央郵便局

旧三菱1号館

修復・再建

フラウエン教会 [4]

旧居留地十五番館

特殊事例

サグラダファミリア聖堂 [5]

伊勢神宮

近代以降の光の演出

エッフェル塔 [6]

ポンピドゥーセンター [7]

グッゲンハイム美術館 [8]

建築に関する文化遺産保護制度

世界遺産（1972 ～、UNESCO）

文化財保護法（1950 ～、文部科学省）

　　重要文化財、国宝　国による指定。重要文化財の中で特に価値の高いものは国宝に指定される。

　　重要伝統的建造物群保存地区（1975 ～）　群としての建築物、歴史的な町並みの保護。

　　登録有形文化財（1996 ～）　所有者が自ら申請することで登録される制度。

　　この他、**近代化遺産**（1993 ～）、**重要文化的景観**（2004 ～）などにも留意したい。

上記以外の制度

　　歴史的風土保存区域（古都保存法（1966 ～、国土交通省）による）、**景観重要建造物**（景観法（2004 ～、国土交通省）による）、**近代化産業遺産**（2007 ～、経済産業省）、**日本遺産**（2015 ～、文化庁）など。

▶ 1章

■1-1
1）写真：ⒸCodex（CC BY-SA 3.0）https://commons.wikimedia.org/wiki/File:Chapiteau-Parthenon.jpg、スケッチ：パブリック・ドメイン
2）写真：ⒸBenjamin Núñez González（CC BY-SA 4.0）https://commons.wikimedia.org/wiki/File:Templo_de_Atenea_Nike,_Atenas,_Grecia,_2019_03.jpg、スケッチ：パブリック・ドメイン
3）6）7）9）パブリック・ドメイン
4）ⒸLivioandronico2013（CC BY-SA 4.0）https://commons.wikimedia.org/wiki/File:Front_views_of_the_Venus_de_Milo.jpg
5）ⒸSteve Swayne（CC BY 2.0）https://commons.wikimedia.org/wiki/File:The_Parthenon_in_Athens.jpg
8）ⒸCarole Raddato（CC BY-SA 2.0）https://commons.wikimedia.org/wiki/File:The_great_theater_of_Epidaurus,_designed_by_Polykleitos_the_Younger_in_the_4th_century_BC,_Sanctuary_of_Asklepeios_at_Epidaurus,_Greece_(14015010416).jpg?uselang=ja

■1-2
1）ⒸLloyd Alter（CC BY-SA 2.0）https://www.tree-hugger8.net/roman-concrete-was-lot-greener-stuff-we-make-today-4855693
2）写真：ⒸSteve Cadman（CC BY-SA 2.0）https://commons.wikimedia.org/wiki/File:St._Paul%27s_Church,_Covent_Garden,_London.jpg、スケッチ：パブリック・ドメイン
3）写真：ⒸNicola Quirico（CC BY-SA 4.0）https://commons.wikimedia.org/wiki/File:Portale,_dettaglio,_Palazzina_di_Marfisa_d%27Este.jpg?uselang=ja、スケッチ：パブリック・ドメイン
4）7）8）9）12）パブリック・ドメイン
5）ⒸPierre Selim Huard（CC BY-SA 3.0）https://commons.wikimedia.org/wiki/File:Colosseo_(155180479).jpeg?uselang=ja
6）ⒸAnk Kumar（CC BY-SA 4.0）https://commons.wikimedia.org/wiki/File:Colosseum,_Rome,_Italy_(Ank_Kumar)_10.jpg?uselang=ja
10）ⒸRita1234（CC BY-SA 3.0）https://commons.wikimedia.org/wiki/File:Rome_Forum_Romanum_Arch_Septimius_Severus3.JPG?uselang=ja
11）ⒸXosema（CC BY-SA 4.0）https://commons.wikimedia.org/wiki/File:Roma_-_Foro_Romano_-_009_-_Bas%C3%ADlica_de_Majencio_y_Constantino.jpg?uselang=ja
13）ⒸFrançois de Dijon（CC BY-SA 3.0）https://commons.wikimedia.org/wiki/File:Pont_du_Gard_2013_11.jpg?uselang=ja

■復習1
1）4）パブリック・ドメイン
2）Ⓒccarlstead（CC BY 2.0）https://www.flickr.com/photos/27087959@N00/459665750
3）ⒸMCMX1（CC BY-SA 4.0）https://commons.wikimedia.org/wiki/File:Colosseum_(Amphitheatrum_Flavium).jpg?uselang=ja

■発展学習1
1）ⒸMichael Lubinski（CC BY-SA 2.0）https://commons.wikimedia.org/wiki/File:Ziggarut_of_Ur_-_M.Lubinski.jpg?uselang=ja
2）ⒸMorhaf Kamal Aljanee（CC BY-SA 3.0）https://commons.wikimedia.org/wiki/File:The_Giza_Pyramids.jpg?uselang=ja
3）ⒸFanny Schertzer（CC BY-SA 4.0）https://commons.wikimedia.org/wiki/File:Temple_of_Hatshepsut_in_Luxor,_aerial_view_(5).jpg?uselang=ja
4）ⒸAhmed Bahloul Khier Galal（CC BY-SA 4.0）https://commons.wikimedia.org/wiki/File:Karnak_Temples.jpg?uselang=ja
5）ⒸPepaserbio（CC BY-SA 4.0）https://commons.wikimedia.org/wiki/File:Abu_Simbel_main_temple.jpg?uselang=ja

■1-3
1）ⒸLalupa（CC BY-SA 3.0）https://commons.wikimedia.org/wiki/File:S_Costanza_1160909-10-11.JPG?uselang=ja
2）Dehio,G.und G.Bezold,Die kircheliche Baukunst des Abendlandes,Hildesheim,1969

■1-4
1）ⒸArild Vågen（CC BY-SA 3.0）https://commons.wikimedia.org/wiki/File:Hagia_Sophia_Mars_2013.jpg?uselang=ja
2）ⒸBernardo Ricci Armani/Moment：ゲッティイメージズ提供
3）ⒸGianni Careddu（CC BY-SA 4.0）https://commons.wikimedia.org/wiki/Panth%C3%A9on_de_Paris#/media/File:Paris_Pantheon_Outside.JPG
4）パブリック・ドメイン
5）ⒸLudvig14（CC BY-SA 3.0）https://commons.wikimedia.org/wiki/File:Moscow_StBasilCathedral_d19.jpg

■1-5
1）3）7）8）11）パブリック・ドメイン
2）ⒸCaS2000（CC BY-SA 3.0）https://commons.wikimedia.org/wiki/File:Aachener_Dom_vom_Katschhof_2014_(3).jpg?uselang=ja
4）ⒸDdeveze（CC BY-SA 4.0）https://commons.wikimedia.org/wiki/File:6H2A2763_WLM_2016.jpg?uselang=ja
5）ⒸPaolo Schubert（CC BY-SA 4.0）https://commons.wikimedia.org/wiki/File:Abbaye_du_thoronet.JPG?uselang=ja
6）ⒸJchancerel（CC BY-SA 4.0）https://commons.wikimedia.org/wiki/File:ThoronetPlanAbbaye.png
9）ⒸDavid Jones（CC BY 2.0）https://commons.wikimedia.org/wiki/File:Duomo_di_Santa_Maria_Assunta,_Pisa_(7053416831).jpg?uselang=ja
10）ⒸKrzysztof Golik（CC BY-SA 4.0）https://commons.wikimedia.org/wiki/File:Saint_Faith_Abbey_Church_of_Conques_10.jpg?uselang=ja

■1-6
1）～4）14）パブリック・ドメイン
5）ⒸOmar David Sandoval Sida（CC BY-SA 4.0）https://commons.wikimedia.org/wiki/File:Rib_vaults_of_the_Notre-Dame_de_Paris_nave.jpg?uselang=ja
6）ⒸTxllxt TxllxT（CC BY-SA 4.0）https://commons.wikimedia.org/wiki/File:Amiens_-_La_Cath%C3%A9drale_Notre-Dame_d%E2%80%99Amiens_-_Central_Nave_-_View_ESE_%26_Up_from_below_the_Organ_on_the_Vaults.jpg?uselang=ja
7）ⒸZairon（CC BY-SA 4.0）https://commons.wikimedia.org/wiki/File:Rouen_%C3%89glise_Saint-Maclou_Fassade_Portale_1.jpg?uselang=ja
8）ⒸDiliff（CC BY-SA 3.0）https://commons.wikimedia.org/wiki/File:Exeter_Cathedral_Nave,_Exeter,_UK_-_Diliff.jpg?uselang=ja
9）Ⓒseier+seier（CC BY 2.0）https://commons.wikimedia.org/wiki/File:King%27s_college_chapel,_cambridge_1446-1515._(4953858698).jpg?uselang=ja
10）ⒸRaimond Spekking（CC BY-SA 4.0）https://commons.wikimedia.org/wiki/File:Cath%C3%A9drale_Notre-Dame_d%27Amiens-3420.jpg?uselang=ja
11）ⒸJean-Pol GRANDMONT（CC BY-SA 3.0）https://commons.wikimedia.org/wiki/File:0_Amiens_-_Cath%C3%A9drale_Notre-Dame_(4).JPG?uselang=ja
12）ⒸGothika（CC BY-SA 4.0）https://commons.wikimedia.org/wiki/File:Amiens_plan.svg?uselang=ja
13）ⒸBB 22385（CC BY-SA 4.0）https://commons.wikimedia.org/wiki/File:Cath%C3%A9drale,_AmiensTP.JPG
15）ⒸNeuwieser（CC BY-SA 2.0）https://commons.wikimedia.org/wiki/File:K%C3%B6lner_Dom003_(Flight_over_Cologne).jpg?uselang=ja
16）17）提供：田中おと吉

■復習2
1）ⒸMOSSOT（CC BY-SA 3.0）https://commons.wikimedia.org/wiki/File:Moirax_-_%C3%89glise_Notre-Dame_-_Coupole_du_choeur.JPG?uselang=fr
2）ⒸLionel Allorge（CC BY-SA 3.0）https://commons.wikimedia.org/wiki/File:Cath%C3%A9draleSaint-Pierre_d%27Angoul%C3%AAme_durant_le_festival_International_de_la_Bande_Dessin%C3%A9e_d%27Angoul%C3%AAme_2013_01.jpg?uselang=ja
3）ⒸBernardo Ricci Armani/Moment：ゲッティイメージズ提供
4）ⒸMatthias Zirngibl（CC BY 2.0）https://commons.wikimedia.org/wiki/File:Flying_buttresses_of_Cath%C3%A9drale_Notre-Dame_de_Strasbourg.jpg?uselang=ja
5）ⒸJorge Láscar（CC BY 2.0）https://commons.wikimedia.org/wiki/File:Central_nave_of_the_Cath%C3%A9drale_Notre-Dame_de_Rouen_(28m_high)_(30865121996).jpg?uselang=ja
6）ⒸPezi（CC BY-SA 3.0）https://commons.wikimedia.org/wiki/File:Notre-Dame_de_Paris_2013-07-24.jpg?uselang=ja

■発展学習2
1）提供：井上裕加里
2）ⒸYann Forget（CC BY-SA 4.0）https://commons.wikimedia.org/wiki/File:Taj_Mahal,_Agra,_India_edit2.jpg?uselang=ja
3）ⒸTuxyso（CC BY-SA 3.0）https://commons.wikimedia.org/wiki/File:Alhambra_L%C3%B6wenhof_mit_L%C3%B6wenbrunnen_2014.jpg?uselang=ja
4）ⒸTimor Espallargas（CC BY-SA 2.5）https://commons.wikimedia.org/wiki/File:Mosque_Cordoba.jpg?uselang=ja
5）ⒸStylommatophora（CC BY-SA 4.0）https://commons.wikimedia.org/wiki/File:Selimiye_Mosque,_Dome.jpg?uselang=ja

■1-7
1）2）4）～10）14）16）パブリック・ドメイン
3）ⒸSailko（CC BY-SA 3.0）https://commons.wikimedia.org/wiki/File:Bernardo_daddi,_madonna_della_misericordia,_con_le_opere_di_misericordia_e_la_pi%C3%B9_antica_veduta_di_firenze,_1342_04.jpg
11）ⒸPiero Sanpaoles https://domeshadow.wordpress.com/cross-section-of-the-dome/
12）ⒸBenjamín Núñez González（CC BY-SA 4.0）https://commons.wikimedia.org/wiki/File:Palazzo_Rucellai,_Florencia,_Italia,_2019_01.jpg
13）ⒸJTSH26（CC BY-SA 4.0）https://de.wikipedia.org/wiki/Tempietto_di_Bramante#/media/Datei:Tempietto,_Haupteingang.jpg
15）ⒸMark Beston（CC BY-SA 4.0）https://en.wikipedia.org/wiki/Villa_Capra_%22La_Rotonda%22#/media/File:Sitting_under_the_shade_in_front_of_Villa_Capra_detta_La_Rotonda.jpg
17）ⒸMarcok（CC BY-SA 3.0）https://commons.wikimedia.org/wiki/File:Palazzo_Te_Mantova_1.jpg
18）ⒸRichard Mortel（CC BY 2.0）https://commons.wikimedia.org/wiki/File:Staircase_of_the_Laurentian_Llibrary,_15th_century,_designed_by_Michelangelo,_Florence_(2)_(48768620157).jpg?uselang=ja

■1-8
1）～6）11）12）15）パブリック・ドメイン
7）ⒸAlberto Luccaroni（CC BY-SA 3.0）https://commons.wikimedia.org/wiki/File:View_of_saint_Peter_basilica_from_a_roof.jpg?fastcci_from=10658470&c1=10658470&d1=15&s=200&a=list&o=600
8）ⒸMaksim Sokolov（CC BY-SA 4.0）https://commons.wikimedia.org/wiki/File:Saint_Peter%27s_Basilica_Inside.jpg?fastcci_from=1

0658470&c1=10658470&d1=15&s=200&a=list&o=800
9) ©Antonio Nibby,"Planta della Basilica di S. Pietro in Vaticano, Plan de la Basilique de SPierre"をもとに加筆
10) DAVID ILIFF（CC BY-SA 3.0）https://en.wikipedia.org/wiki/File:St_Peter%27s_Square,_Vatican_City_-_April_2007.jpg
13) ©Architas（CC BY-SA 4.0）https://commons.wikimedia.org/wiki/File:San_Carlo_alle_Quattro_Fontane_-_Front.jpg?uselang=ja
14) ©Ermell（CC BY-SA 4.0）https://commons.wikimedia.org/wiki/File:Vierzehnheiligen_P3RM0717-HDR.jpg
16) ©Antoine Taveneaux（CC BY-SA 3.0）https://commons.wikimedia.org/wiki/File:Transparente_of_Toledo_Cathedral_09.jpg
17) ©NonOmnisMoriar（CC BY-SA 3.0）https://commons.wikimedia.org/wiki/File:Salon_de_la_princesse_hotel_de_soubise.jpg
18) ©Myrabella（CC BY-SA 3.0）https://en.wikipedia.org/wiki/File:Chateau_Versailles_Galerie_des_Glaces.jpg

■1-9
1) 2) 8) パブリック・ドメイン
3) ©Velual（CC BY-SA 3.0）https://commons.wikimedia.org/wiki/Panth%C3%A9on_de_Paris#/media/File:Paris_Pantheon_Outside.JPG
4) ©Jiuguang Wang（CC BY-SA 2.0）https://commons.wikimedia.org/wiki/Category:Arc_de_Triomphe_de_l%27%C3%89toile#/media/File:Front_left_views_of_the_Arc_de_Triomphe,_Paris_21_October_2010.jpg
5) ©Ajepbah（CC-BY-SA-3.0 DE）https://commons.wikimedia.org/wiki/File:Altes_Museum_(Berlin-Mitte).09030059.ajb.jpg?fastcci_from=4606652&c1=4606652&d1=15&s=200&a=list
6) ©Dr. Zeltsam（CC BY-SA 4.0）https://commons.wikimedia.org/wiki/File:2017-10-14_Rotunde_Panorama-6.jpg?uselang=ja
7) ©SimonWaldherr（CC BY-SA 4.0）https://commons.wikimedia.org/wiki/File:Walhalla-Memorial_01.jpg?uselang=ja

■1-10
1) ©Yair Haklai（CC BY-SA 3.0）https://commons.wikimedia.org/wiki/File:Palace_of_Westminster-London.jpg?uselang=ja
2) ©Benh LIEU SONG（CC BY-SA 3.0）https://commons.wikimedia.org/wiki/File:Opera_Garnier_Grand_Escalier.jpg?uselang=ja
3) ©Qmin（CC BY-SA 3.0）https://commons.wikimedia.org/wiki/File:Brighton_royal_pavilion_Qmin.jpg?uselang=ja
4) ©Taxiarchos228（Licence Art Libre）https://commons.wikimedia.org/wiki/File:Hohenschwangau_-_Schloss_Neuschwanstein1.jpg?uselang=ja
5) パブリック・ドメイン
6) ©Jorge Láscar（CC BY 2.0）https://commons.wikimedia.org/wiki/File:Hameau_de_la_Reine_(24276079986).jpg?uselang=ja

■復習3
1) ©Peter1936F（CC BY-SA 4.0）https://commons.wikimedia.org/wiki/File:Tempietto_del_Bramante_Vorderseite.jpg?uselang=ja
2) ©Victor Andrade（CC BY-SA 4.0）https://commons.wikimedia.org/wiki/File:C%C3%BApula_-_San_Carlo_alle_Quattro_Fontane.jpg?uselang=ja

■発展3
1) ©Fczarnowski（CC BY-SA 4.0）https://commons.wikimedia.org/wiki/File:Tivoli_Villa_dEste_23.jpg?uselang=ja
2) ©Paolo Costa Baldi（CC BY-SA 3.0）https://commons.wikimedia.org/wiki/File:Versailles_view_from_the_Parterre_d%27eau.jpg?uselang=ja
3) ©Mark Harding（CC BY-SA 3.0）https://commons.wikimedia.org/wiki/File:Stourhead_Palladian_Bridge_(38967124).jpeg?uselang=ja
4) ©PMRMaeyaert（CC BY-SA 4.0）https://commons.wikimedia.org/wiki/File:PM_091052_E_Granada.jpg?uselang=ja

■総合復習2
1) 〜 11) パブリック・ドメイン
12) ©Geobia（CC BY-SA 4.0）https://commons.wikimedia.org/wiki/File:3388MantovaPalazzoTe.jpg?uselang=ja

▶2章

■2-1
1) 〜 3) パブリック・ドメイン
4) ©Christine Matthews（CC BY-SA 2.0）https://commons.wikimedia.org/wiki/File:St_Pancras_Station,_London_-_geograph.org.uk_-_1164912.jpg?uselang=ja
5) ©shirokazan（CC BY-SA 2.0）https://commons.wikimedia.org/wiki/File:The_world%27s_first_iron_bridge.jpg?uselang=ja
6) 提供：田中おと吉

■2-2
1) 〜 3) 7) パブリック・ドメイン
4) ©Ethan Doyle White（CC BY-SA 3.0）https://commons.wikimedia.org/wiki/File:Philip_Webb%27s_Red_House_in_Upton.jpg
5) ©Tony Hisgett（CC BY 2.0）https://commons.wikimedia.org/wiki/File:Red_House_home_of_William_Morris_(5).jpg?uselang=ja
6) ©Ethan Doyle White（CC BY-SA 3.0）https://commons.wikimedia.org/wiki/File:Drawing_Room_at_Red_House,_Lonson.jpg?uselang=ja

■2-3
1) 2) 5) 〜 7) パブリック・ドメイン
3) ©sailko（CC BY-SA 3.0）https://commons.wikimedia.org/wiki/File:Louis_comfort_tiffany,_lampada_da_tavolo_pomb_lily,_1900-10_ca..JPG
4) ©sailko（CC BY-SA 3.0）https://commons.wikimedia.org/wiki/File:Ren%C3%A9_lailique,_pettorale_libellula,_in_oro,_smalti,_crisoprazio,_calcedonio,_pietre_lunari_e_diamanti,_1897-98_ca._01.jpg

■2-4
1) 6) 15) パブリック・ドメイン
2) ©Ad Meskens（CC BY-SA 3.0）https://commons.wikimedia.org/wiki/File:Mackintosh_School_of_Art_Glasgow.JPG?uselang=ja
3) ©Dave souza（CC BY-SA 2.5）https://commons.wikimedia.org/wiki/File:Room_de_Luxe.jpg
4) ©Anthony O'Neil（CC BY-SA 2.0）https://commons.wikimedia.org/wiki/File:The_Hill_House,_Helensburgh_-_geograph.org.uk_-_1570964.jpg?uselang=ja
5) ©Tony Hisgett（CC BY 2.0）https://commons.wikimedia.org/wiki/File:Hill_House_drawing_room_2_(37376566852).jpg?uselang=ja
7) ©Jorge Franganillo（CC BY 2.0）https://commons.wikimedia.org/wiki/File:Park_G%C3%BCell_-_50030738571.jpg?uselang=ja
8) ©Smarri（CC BY-SA 3.0）https://commons.wikimedia.org/wiki/File:Park_Guell_Arches.JPG?uselang=ja
9) 提供：森吉直剛
10) ©Richard Mortel（CC BY 2.0）https://commons.wikimedia.org/wiki/File:Casa_Batllo,_Gaudi,_finished_1906_(42)_(31245893545).jpg?uselang=ja
11) ©PtrQs（CC BY-SA 4.0）https://commons.wikimedia.org/wiki/File:20120923_Brussels_PalaisStoclet_Hoffmann_DSC06725_PtrQs.jpg?uselang=ja
12) ©antomoro（Licence Art Libre）https://commons.wikimedia.org/wiki/File:Philip_Webb%27s_Red_House_in_Upton.jpg
13) ©Ryan Liu（CC BY 3.0）https://commons.wikimedia.org/wiki/File:Construction_Sagrada_Familia_Cathedral_Barcelona_(120219067).jpeg?uselang=ja
14) ©Sagrada Familia（CC BY-SA 3.0）https://commons.wikimedia.org/wiki/File:Sagrada_Fam%C3%ADlia._Planta_i_al%C3%A7at.jpg?uselang=ja
16) 提供：森吉直剛
17) パブリック・ドメイン
18) ©Jorge Royan（CC BY-SA 3.0）https://commons.wikimedia.org/wiki/File:Vienna_-_PSK_Otto_Wagner%27s_Postsparkasse_-_5977.jpg?uselang=ja
19) ©Marcelahernandezmoreira（CC BY-SA 3.0）https://commons.wikimedia.org/wiki/File:Casa_Steiner_-_Fachada_Trasera.jpg?uselang=ja

■2-5
1) 5) 〜 7) パブリック・ドメイン
2) 協力：大阪成蹊大学
3) ©Basvb（CC BY-SA 3.0 NL）https://commons.wikimedia.org/wiki/File:Rietveld_Schr%C3%B6der_House_-_Foto_3.jpg?uselang=ja
4) 藤本和男ほか『住空間計画学』学芸出版社、2020、p.23を改変

■2-6
1) ©rucativava（CC BY-SA 2.0）https://commons.wikimedia.org/wiki/File:AEG_by_Peter_Behrens.jpg?uselang=ja
2) ©Carsten Janssen（CC BY-SA 2.0 DE）https://commons.wikimedia.org/wiki/File:Fagus_Gropius_Hauptgebaeude_200705_wiki_front.jpg?uselang=ja
3) パブリック・ドメイン
4) 協力：大阪成蹊大学
5) ©Aufbacksalami（CC BY-SA 4.0）https://commons.wikimedia.org/wiki/File:Bauhaus_Dessau_2018.jpg
6) ©Spyrosdrakopoulos（CC BY-SA 4.0）https://commons.wikimedia.org/wiki/File:6251_Dessau.JPG?uselang=ja
7) 提供：森吉直剛

■復習4
1) パブリック・ドメイン
2) ©Jean-Pierre Dalb?ra（CC BY 2.0）https://commons.wikimedia.org/wiki/File:Le_mus?%C3%A9e_Lalique_(Wingen-sur-Moder)_(28811220095).jpg?uselang=ja
3) ©Sailko（CC BY-SA 3.0）https://commons.wikimedia.org/wiki/File:Casa_Rietveld_Schr%C3%B6der_11.jpg?uselang=ja
4) ©Sludge G（CC BY 2.0）https://commons.wikimedia.org/wiki/File:Das_Staatliche_Bauhaus,_Dessau,_DDR_May_1990_(5288786628).jpg?uselang=ja

■発展学習4
1) 3) 7) パブリック・ドメイン
2) ©Jean-Pierre Dalbéra（CC BY 2.0）https://commons.wikimedia.org/wiki/File:Le_mus?%C3%A9e_Lalique_(Wingen-sur-Moder)_(28811220095).jpg?uselang=ja
4) ©Andrew Napier（CC BY 2.0）https://commons.wikimedia.org/wiki/File:Elevators_in_the_Chrysler_building.jpg?uselang=ja
5) ©Avala（CC BY-SA 2.0）https://commons.wikimedia.org/wiki/File:Empire_State_Building_from_the_Top_of_the_Rock.jpg?uselang=ja
6) ©DanielPenfield（CC BY-SA 4.0）https://commons.wikimedia.org/wiki/File:EmpireStateBuilding2019LobbyLookingWest.jpg?uselang=ja

■2-7
1) 4) 6) 8) パブリック・ドメイン
2) ©Lykantrop https://commons.wikimedia.org/wiki/File:Frank_Lloyd_Wright_-_Robie_House_2.JPG?uselang=ja
3) パブリックドメイン（移築前の様子。絵葉書より）
5) 藤本和男ほか『住空間計画学』学芸出版社、2020、p.25を改変
6) ©Sailko（CC BY-SA 3.0）https://commons.wikimedia.org/wiki/File:Guggenheim_di_new_york._ext._01.JPG?uselang=ja

■2-8
1) パブリック・ドメイン
2) 石田潤一郎・中川理編『近代建築史』昭和堂、1998年より作図
3) 提供：森吉直剛
4) アンリ・スタアリン、鈴木博之訳『図集世界の建築（上）』鹿島出版会、1988年より作図
5) 6) 10) 提供：土井康啓
7) 〜 9) 提供：田中おと吉

■2-9
1）3）パブリック・ドメイン
2）ⒸMartinD（CC BY-SA 3.0）https://commons.wikimedia.org/wiki/File:Van_der_Rohe_Pavillion_overview.jpg?uselang=ja
4）藤本和男ほか『住空間計画学』学芸出版社、2020、p.25を改変
5）ⒸVldx（CC BY-SA 3.0）https://commons.wikimedia.org/wiki/File:Vila_Tugendhat_po_rekonstrukci.JPG?uselang=ja
6）ⒸJeremy Atherton（CC BY-SA 2.5）https://commons.wikimedia.org/wiki/File:Crown_Hall_060514.jpg?uselang=ja
7）ⒸJeremyA（CC BY-SA 2.5）https://commons.wikimedia.org/wiki/File:860-880_Lake_Shore_Drive.jpg
8）ⒸKen OHYAMA（CC BY-SA 2.0）https://commons.wikimedia.org/wiki/File:Seagram_Building_(35098307116).jpg?uselang=ja
■2-10
1）3）5）6）提供：小泉隆
2）ⒸTiina Rajala（CC BY 4.0）https://commons.wikimedia.org/wiki/File:Terrace_of_Paimio_sanatorium_by_Alvar_Aalto.jpg?uselang=ja
4）ⒸNinaraas（CC BY 4.0）https://fi.wikipedia.org/wiki/Viipurin_kaupunginkirjasto#/media/Tiedosto:Alvar_Aalto_Library_Vyborg3.jpg
7）ⒸTheNose（CC BY-SA 2.0）https://commons.wikimedia.org/wiki/File:Salk_Institute.jpg?uselang=ja
8）ⒸMD SAIFUL AMIN（CC BY 4.0）https://commons.wikimedia.org/wiki/File:%E0%A6%AC%E0%A6%BE%E0%A6%82%E0%A6%B2%E0%A6%BE%E0%A6%A6%E0%A7%87%E0%A6%B6%E0%A7%87%E0%A6%B0_%E0%A6%9C%E0%A6%BE%E0%A6%A4%E0%A7%80%E0%A6%AF%E0%A6%BC_%E0%A6%B8%E0%A6%82%E0%A6%B8%E0%A6%A6_%E0%A6%AD%E0%A6%AC%E0%A6%A8_24.jpg?uselang=ja
9）11）パブリック・ドメイン
10）ⒸMichael Barera（CC BY 4.0）https://commons.wikimedia.org/wiki/File:Kimbell_Art_Museum_January_2017_2.jpg?uselang=ja
■2-11
1）4）パブリック・ドメイン
2）ⒸColros（CC BY 2.0）https://commons.wikimedia.org/wiki/File:PiazzaDItalia1990.jpg?uselang=ja
3）ⒸAcroterion（CC BY-SA 3.0）https://commons.wikimedia.org/wiki/File:TWA_Flight_Center_2015_NY1.jpg?uselang=ja
5）提供：土井康啓
6）ⒸStephen Richards（CC BY-SA 2.0）https://commons.wikimedia.org/wiki/File:Lloyds_building_taken_2011.jpg?uselang=ja
7）ⒸSteve Cadman（CC BY-SA 2.0）https://commons.wikimedia.org/wiki/File:Inside_the_Lloyds_building.jpg?uselang=ja
8）ⒸStudio Daniel Libeskind（CC BY-SA 3.0）https://commons.wikimedia.org/wiki/File:JewishMuseumBerlin.jpg
9）ⒸMykReeve.（CC BY-SA 3.0）https://commons.wikimedia.org/wiki/File:Guggenheim-bilbao-jan05.jpg
■復習5
1）3）パブリック・ドメイン
2）提供：土井康啓
■発展学習5
1）パブリック・ドメイン
2）ⒸJchancerel（CC BY-SA 4.0）https://commons.wikimedia.org/wiki/File:GarnierTonyCiteIndustrielle.png
3）ⒸSiefkinDR（CC BY-SA 4.0）https://commons.wikimedia.org/wiki/File:Plan_Voisin_model.jpg
4）ⒸUri Rosenheck（CC BY-SA 3.0）https://commons.wikimedia.org/wiki/File:Brasilia_-_Plan.JPG
■総合復習2
1）ⒸSailko（CC BY 3.0）https://commons.wikimedia.org/wiki/File:Casa_Rietveld_Schr%C3%B6der_06.jpg?uselang=ja
2）ⒸTony Hisgett（CC BY 2.0）https://commons.wikimedia.org/wiki/File:Red_House_home_of_William_Morris.jpg?uselang=ja
3）5）8）10）11）パブリック・ドメイン
4）ⒸLeojng（CC BY-SA 4.0）https://commons.wikimedia.org/wiki/File:Fassade_des_Bauhausgeb%C3%A4des,_Dessau_2019.jpg?uselang=ja
6）ⒸCanaan（CC BY-SA 4.0）https://commons.wikimedia.org/wiki/File:Sagrada_Familia_8-12-21_(1).jpg?uselang=ja
7）提供：土井康啓
9）ⒸJorge Royan（CC BY-SA 3.0）https://commons.wikimedia.org/wiki/File:Vienna_-_PSK_Otto_Wagner%27s_Postsparkasse_-_5983.jpg?uselang=ja

▶3章
■3-1-1
1）作画：野村彰、矢ヶ崎善太郎編著『カラー版 図説 日本建築の歴史』p.29
2）作画：野村彰、矢ヶ崎善太郎編著『カラー版 図説 日本建築の歴史』p.25に加筆
3）撮影：桑原英文
4）撮影：下鴨神社
■3-1-2
1）提供：宇佐神宮
2）穂苅耕介
3）提供：朴賛弼
4）パブリック・ドメイン
5）提供：広島県
6）協力：嚴島神社
■3-1-3
1）作画：野村彰、矢ヶ崎善太郎編著『カラー版 図説 日本建築の歴史』p.28、70に加筆

■3-2-1
1）作画：辻村知夏
2）提供：薬師寺
■3-2-2
1）提供：大平茂男、協力：三徳山 三佛寺
2）ⒸBobak Ha'Eri（CC BY-SA 2.5）https://ja.wikipedia.org/wiki/%E6%B8%85%E6%B0%B4%E5%AF%BA#/media/%E3%83%95%E3%82%A4%E3%83%AB:03-05-JPN080-Kiyomizu-dera.jpg
3）作画：野村彰、矢ヶ崎善太郎編著『カラー版 図説 日本建築の歴史』p.20に加筆
4）パブリック・ドメイン
■3-2-3
1）Ⓒ平等院
2）提供：小田原山 浄瑠璃寺
3）提供：関山 中尊寺
4）提供：願成寺白水阿弥陀堂
■3-2-4
1）国土地理院ウェブサイト　https://mapps.gsi.go.jp/contentsImageDisplay.do?specificationId=760462&isDetail=true に加筆
2）国土地理院ウェブサイト　https://maps.gsi.go.jp/#17/35.042767/135.742752/&base=ort&base_grayscale=1&ls=ort&disp=1&vs=c0j0h0k0l0u0t0z0r0s0m0f2&d=m に加筆
　協力：東福寺
4）日本建築学会『日本建築史図集　新訂版』彰国社、1999、p.60に加筆修正
■発展学習6
1）ColBase　https://colbase.nich.go.jp/collection_items/tnm/C-311?locale=ja
2）ColBase　https://colbase.nich.go.jp/collection_items/tnm/C-20?locale=ja
3）ColBase　https://colbase.nich.go.jp/collection_items/tnm/C-1525?locale=ja
4）ColBase　https://colbase.nich.go.jp/collection_items/tnm/C-1869?locale=ja
5）ColBase　https://colbase.nich.go.jp/collection_items/tnm/A-11776?locale=ja
6）ColBase　https://colbase.nich.go.jp/collection_items/kyohaku/A%E7%94%B2282?locale=ja
7）ColBase　https://colbase.nich.go.jp/collection_items/tnm/A-11974-2?locale=ja
8）提供：妙心寺
9）ColBase　https://colbase.nich.go.jp/collection_items/tnm/A-12442?locale=ja
■3-3-1
1）提供：斎宮歴史博物館蔵
2）協力：宮内庁
3）作画：辻村知夏
4）提供：京都市元離宮二条城事務所
■3-3-2
1）作画：辻村知夏
2）作画：野村彰、矢ヶ崎善太郎編著『カラー版 図説 日本建築の歴史』p.60に加筆
3）作画：辻村知夏
4）日本建築学会『日本建築史図集　新訂版』彰国社、1999、p.81に加筆修正
5）岡田孝男『京の茶室〈千家・宮廷編〉』学芸出版社、1989、p.15に加筆修正
■3-3-3
1）『桂離宮・修学院離宮・仙洞御所―庭守の技と心』学芸出版社、2014、p.151を改変
2）提供：小出祐子、協力：宮内庁
3）協力：宮内庁
4）提供：本願寺
5）協力：宮内庁
6）作画：辻村知夏
7）協力：三溪園保勝会
■3-3-4
1）ⒸVihiqebia（CC BY-SA 3.0）https://commons.wikimedia.org/wiki/File:2004%E5%B9%B408%E6%9C%88%E6%97%A5%E7%AB%AA02.JPG
　ⒸVihiqebia（CC BY-SA 3.0）https://ja.wikipedia.org/wiki/%E3%83%95%E3%82%A1%E3%82%A4%E3%83%AB:%E7%AB%AA%E7%A9%B4%E5%BC%8F%E4%BD%8F%E5%B1%85%E3%81%AE%E9%AA%A8%E7%B5%84%E3%81%BF.JPG
3）提供：朴賛弼
■発展学習7
1）日本建築学会『日本建築史図集　新訂版』彰国社、1999、p.73
2）協力：高山ヤス子
3）協力：宮内庁
■3-4-1
1）ⒸHeartoftheworld（CC BY-SA 3.0）https://commons.wikimedia.org/wiki/File:Shimabara_Castle_Tower_20090906.jpg
■3-4-2
1）提供：公益財団法人特別史跡旧閑谷学校顕彰保存会
2）協力：琴平町教育委員会生涯教育課
3）作画：辻村知夏
4）国立国会図書館デジタルコレクション
■発展学習8
1）国立国会図書館デジタルコレクション
2）パブリック・ドメイン
■復習7
1）提供：宮内庁
■3-5-1
1）提供：本願寺

2）協力：宮内庁
■3-5-2
1）協力：刀田山 鶴林寺
■3-5-3
1）2）協力：刀田山 鶴林寺
■復習8
1）提供：公益財団法人特別史跡旧閑谷学校顕彰保存会
●発展学習9
1）発提供：小田原山 浄瑠璃寺
2）提供：公益財団法人足立美術館
3）協力：東福寺
■3-6-1
1）ⓒ2023　長崎の教会群情報センター
2）4）パブリック・ドメイン
国立国会図書館デジタルコレクション
5）提供：永田千尋
6）ⓒOtraff（CC BY-SA 3.0）https://commons.wikimedia.org/wiki/File:Josiah-Conder-Portrait-1.jpg?uselang=ja
■3-6-2
1）パブリック・ドメイン
2）仲摩照久『日本地理風俗大系 第二巻 大東京篇』新光社、1931
3）ⓒTam0031（CC BY-SA 3.0）https://commons.wikimedia.org/wiki/File:Kurobe_Daini_Hydropowerstation.jpg
■3-6-3
1）ⓒPekePON（CC BY-SA 3.0）https://commons.wikimedia.org/wiki/File:Marunouchi_Building_1997.jpg?uselang=ja
2）提供：参議院事務局
3）パブリック・ドメイン
■3-6-4
1）パブリック・ドメイン
2）協力：鎌倉文華館 鶴岡ミュージアム
3）提供：カトリック幟町教会 世界平和記念聖堂
4）ⓒPolimerek（CC BY-SA 3.0）https://commons.wikimedia.org/wiki/File:Tsukuba_Nova_Hall.jpg?uselang=ja
5）ⓒ松岡満男
6）ⓒ7Bridge 菊地大
■復習9
1）ⓒWiiii（CC BY-SA 3.0）https://commons.wikimedia.org/wiki/File:Former_Kaichi_School_2009.jpg
2）パブリック・ドメイン
■総合復習2
1）6）パブリック・ドメイン
2）提供：佐藤浩、協力：三徳山三佛寺
3）提供：永田千尋
4）提供：小出祐子、協力：宮内庁
5）ⓒ平等院
7）8）作画：辻村知夏

▶4章

■4-1
1）ⓒAmaustan（CC BY-SA 4.0）https://commons.wikimedia.org/wiki/File:Mont-Saint-Michel_vu_du_ciel.jpg
2）4）5）7）12）パブリック・ドメイン
3）提供：朴賛弼
6）ⓒNapoleon Vier（CC BY-SA 3.0）https://commons.wikimedia.org/wiki/File:AgiaTriada.jpg
8）ⓒKevin Poh（CC BY 2.0）https://commons.wikimedia.org/wiki/File:Cave_Dwelling_-_Courtyard.jpg
9）ⓒHamid m.arch（CC BY-SA 4.0）https://commons.wikimedia.org/wiki/File:Fallingwater_House_(3).jpg?uselang=ja
10）ⓒ松岡満男
11）ⓒ安藤忠雄
■4-2
1）～3）6）10）パブリック・ドメイン
4）提供：大阪府
5）ⓒ手塚建築研究所
7）ⓒPaul Burley（CC BY-SA 4.0）https://commons.wikimedia.org/wiki/File:Farnsworth_House_Plano-9971.jpg?uselang=ja
8）ⓒ22Kartika（CC BY-SA 3.0）https://commons.wikimedia.org/wiki/File:Borobudur_Temple.jpg?uselang=ja
9）ⓒIwan Baan
11）ⓒBev Sykes from Davis（CC BY 2.0）https://commons.wikimedia.org/wiki/File:St_Louis_Gateway_Arch.jpg
■4-3
1）提供：ゆすはら雲の上観光協会
2）ⓒOsvaldoGago（CC BY-SA 3.0）https://commons.wikimedia.org/wiki/File:Metropol_Parasol_2014_01.jpg?uselang=ja
3）5）～7）パブリック・ドメイン
4）ⓒ安藤忠雄
8）提供：ATAMI 海峯楼
9）ⓒBluesyPete（CC BY-SA 3.0）https://commons.wikimedia.org/wiki/File:MaliDjenn%C3%A9Mosqu%C3%A9e.JPG?uselang=ja
10）ⓒBridgit Anderson
■4-4
1）ⓒBohao Zhao（CC BY-SA 3.0）https://commons.wikimedia.org/wiki/File:Biosph%C3%A8re_de_Montr%C3%A9al_-_panoramio.jpg?uselang=ja
2）4）6）パブリック・ドメイン

3）提供：畑中久美子
5）googleマップ　https://www.google.co.jp/maps/search/san-vitale-ravenna/@44.4198659,12.1962769,100a,35y,39.56t/data=!3m1!1e3?hl=ja&entry=ttu
7）提供：森吉直剛
8）ⓒArmin Hamm（CC BY-SA 2.5）https://commons.wikimedia.org/wiki/File:Bet_Giyorgis_church_Lalibela_03color.jpg
9）ⓒGuenter Schneider（CC BY-SA 3.0）https://commons.wikimedia.org/wiki/File:JewishMuseumBerlinAerial.jpg
10）ⓒElekes Andor（CC BY-SA 4.0）https://commons.wikimedia.org/wiki/File:The_Cube_Houses_(23).jpg?uselang=ja
11）ⓒJon Evans（CC BY 2.0）https://commons.wikimedia.org/wiki/File:Habitat-67_-_Flickr_-_rezendi.jpg?uselang=ja
■4-5
1）5）7）13）パブリック・ドメイン
2）提供：土井康啓
3）提供：極楽山淨土寺
4）協力：内子町町並・地域振興課／内子町観光協会
6）ⓒJorge Royan（CC BY-SA 3.0）https://commons.wikimedia.org/wiki/File:Vienna_-_PSK_Otto_Wagner%27s_Postsparkasse_-_5977.jpg?uselang=ja
8）提供：田中おと吉
9）提供：土井康啓
10）提供：小泉隆
11）ⓒ松岡満男
12）ⓒRictor Norton & David Allen（CC BY 2.0）https://commons.wikimedia.org/wiki/File:Institut_du_Monde_Arabe_(29461400112).jpg?uselang=ja
14）協力：市立伊丹ミュージアム　旧石橋家住宅
■4-6
1）日本建築学会『日本建築史図集　新訂版』彰国社、1999、p.53 に加筆
2）～4）パブリック・ドメイン
5）Rambles in Rome：An Archaeological and Historical Guide to the Museums, Galleries, Villas, Churches, and Antiquities of Rome and the Campagna, 1887 に加筆
6）日本建築学会『日本建築史図集　新訂版』彰国社、1999、p.76 に加筆
7）WikiArquitectura, "Fisher House - Data, Photos & Plans - WikiArquitectura" https://en.wikiarquitectura.com/building/fisher-house/　に加筆
■4-7
1）ⓒBluesyPete（CC BY-SA 3.0）https://commons.wikimedia.org/wiki/File:MaliDjenn%C3%A9Mosqu%C3%A9e.JPG?uselang=ja
2）提供：朴賛弼
3）ⓒPontafon（CC BY-SA 3.0）https://commons.wikimedia.org/wiki/File:Acrosfukuoka02.jpg?uselang=ja
4）ⓒDavide Mauro（CC BY-SA 4.0）https://commons.wikimedia.org/wiki/File:Bosco_verticale_a_distanza.jpg
5）ⓒCered（CC BY 2.0）https://commons.wikimedia.org/wiki/File:Malator_(known_locally_as_Teletubby_house)_-_geograph.org.uk_-_18618.jpg?uselang=ja
6）提供：岩村アトリエ
7）提供：朴賛弼
8）提供：安藤照代
9）ⓒJagandrk（CC BY-SA 3.0）https://commons.wikimedia.org/wiki/File:Tate_modern_London.jpg?uselang=ja
10）ⓒRiderbee（CC BY-SA 3.0）https://commons.wikimedia.org/wiki/File:Lingotto.JPG?uselang=ja
■4-8
1）6）パブリック・ドメイン
2）8）提供：土井康啓
3）協力：博物館 明治村
4）ⓒDampftrain（CC BY 4.0）https://commons.wikimedia.org/wiki/File:Frauenkirche_Dresden_Oktober_2014.jpg
5）ⓒantomoro（Free Art License）
7）提供：鍵谷啓太

INDEX 索引

著者略歴

深水　浩 (ふかみず　ひろし)

F.T.A建築都市研究室代表。
1967年生まれ。京都大学工学部建築学科卒業。京都大学大学院修了。
工学修士。一級建築士。
建築教育、建築をベースとした地域活性化・地域ブランディングなどに携わる。
大阪産業大学デザイン工学部、大阪成蹊大学芸術学部、京都市立芸術大学美術学部、
京都橘大学文学部、修成建設専門学校非常勤講師。
N.P.O法人E.D.E.N（環境デザインエキスパーツネットワーク）理事。

学びのポイント　建築史

2023年11月5日　第1版第1刷発行

著　者……深水　浩

発行者……井口夏実
発行所……株式会社学芸出版社
　　　　　京都市下京区木津屋橋通西洞院東入
　　　　　電話075-343-0811　〒600-8216
　　　　　http://www.gakugei-pub.jp/　E-mail info@gakugei-pub.jp
編集担当……中木保代

装丁・DTP……デザインスタジオ・クロップ　神原宏一
印刷・製本……シナノパブリッシングプレス

©深水　浩　2023　Printed in Japan
ISBN978-4-7615-2873-7

本書の情報は、下記のURLでご確認いただけます。
https://book.gakugei-pub.co.jp/gakugei-book/9784761528737/